中学校学習指導要領(平成29年告示)解説

特別活動編

平成29年7月

文部科学省

ま え が き

　文部科学省では，平成29年3月31日に学校教育法施行規則の一部改正と中学校学習指導要領の改訂を行った。新中学校学習指導要領等は令和3年度から全面的に実施することとし，平成30年度から一部を移行措置として先行して実施することとしている。

　今回の改訂は，平成28年12月の中央教育審議会答申を踏まえ，

①　教育基本法，学校教育法などを踏まえ，これまでの我が国の学校教育の実績や蓄積を生かし，子供たちが未来社会を切り拓くための資質・能力を一層確実に育成することを目指すこと。その際，子供たちに求められる資質・能力とは何かを社会と共有し，連携する「社会に開かれた教育課程」を重視すること。

②　知識及び技能の習得と思考力，判断力，表現力等の育成のバランスを重視する平成20年改訂の学習指導要領の枠組みや教育内容を維持した上で，知識の理解の質を更に高め，確かな学力を育成すること。

③　先行する特別教科化など道徳教育の充実や体験活動の重視，体育・健康に関する指導の充実により，豊かな心や健やかな体を育成すること。

を基本的なねらいとして行った。

　本書は，大綱的な基準である学習指導要領の記述の意味や解釈などの詳細について説明するために，文部科学省が作成するものであり，中学校学習指導要領第5章「特別活動」について，その改善の趣旨や内容を解説している。

　各学校においては，本書を御活用いただき，学習指導要領等についての理解を深め，創意工夫を生かした特色ある教育課程を編成・実施されるようお願いしたい。

　むすびに，本書「中学校学習指導要領解説特別活動編」の作成に御協力くださった各位に対し，心から感謝の意を表する次第である。

　平成29年7月

文部科学省初等中等教育局長

髙 橋 道 和

目次

● **第1章　総　説** ……………………………………………… 1

　　1　改訂の経緯及び基本方針 …………………………… 1

　　2　特別活動改訂の趣旨及び要点 …………………… 5

● **第2章　特別活動の目標** …………………………… 11

　● 第1節　特別活動の目標 …………………………… 11

　　1　特別活動の目標 …………………………………… 11

　　2　特別活動の目標と各活動・学校行事の
　　　目標との関連 …………………………………… 19

　　3　特別活動における「主体的・対話的で
　　　深い学び」の実現 …………………………………… 21

　● 第2節　特別活動の基本的な性格と
　　　教育活動全体における意義 …………………… 23

　　1　人間形成と特別活動 …………………………… 23

　　2　特別活動の教育活動全体における意義 ……… 26

　　3　特別活動の内容相互の関連 ……………………… 29

　　4　特別活動と各教科，道徳科及び総合的な
　　　学習の時間などとの関連 ……………………… 31

● **第3章　各活動・学校行事の目標と内容** …………………… 40

　● 第1節　学級活動 …………………………………… 40

　　1　学級活動の目標 …………………………………… 40

　　2　学級活動の内容 …………………………………… 44

　　3　学級活動の指導計画 …………………………… 62

　　4　学級活動の内容の取扱い ……………………… 70

　● 第2節　生徒会活動 ………………………………… 74

　　1　生徒会活動の目標 ……………………………… 74

2 生徒会活動の内容 ……………………………… 76

3 生徒会活動の指導計画 ………………………… 80

4 生徒会活動の内容の取扱い …………………… 86

● 第3節 学校行事 ………………………………………… 92

1 学校行事の目標 ………………………………… 92

2 学校行事の内容 ………………………………… 94

3 学校行事の指導計画 ………………………… 104

4 学校行事の内容の取扱い …………………… 109

● 第4章 指導計画の作成と内容の取扱い ………………… 113

● 第1節 指導計画の作成に当たっての配慮事項 …… 113

1 特別活動における生徒の主体的・対話的で
深い学び ……………………………………… 113

2 特別活動の全体計画と各活動・学校行事の
年間指導計画 ………………………………… 115

3 学級経営の充実と生徒指導との関連 ………… 120

4 障害のある生徒など学習活動の困難さに
応じた指導内容や指導方法の工夫 …………… 122

5 道徳科などとの関連 ………………………… 123

● 第2節 内容の取扱いについての配慮事項 ………… 125

1 生徒の自発的, 自治的な活動の効果的な展開
………………………………………………… 125

2 指導内容の重点化と内容間の関連や統合 …… 128

3 ガイダンスとカウンセリングの趣旨を
踏まえた指導を図る ………………………… 130

4 異年齢集団や幼児, 高齢者, 障害のある人々や
幼児児童生徒との交流等を通して, 協働すること

や社会に貢献することの喜びを得る活動の重視

………………………………………………………… 132

● 第3節　入学式や卒業式などにおける国旗及び

国歌の取扱い …………………………………… 134

● 第4節　特別活動の指導を担当する教師 …………… 135

● 第5節　特別活動における評価 ……………………… 137

● 付　録 ……………………………………………………… 139

● 付録1：学校教育法施行規則（抄）………………… 140

● 付録2：中学校学習指導要領　第1章　総則 ……… 145

● 付録3：中学校学習指導要領

第5章　特別活動 ……………………… 152

● 付録4：小学校学習指導要領

第6章　特別活動 ……………………… 156

● 付録5：中学校学習指導要領

第3章　特別の教科　道徳 ………………… 161

● 付録6：「道徳の内容」の学年段階・学校段階の

一覧表 ………………………………………… 164

第1章　総説

● 1　改訂の経緯及び基本方針

(1)　改訂の経緯

　今の子供たちやこれから誕生する子供たちが,成人して社会で活躍する頃には,我が国は厳しい挑戦の時代を迎えていると予想される。生産年齢人口の減少,グローバル化の進展や絶え間ない技術革新等により,社会構造や雇用環境は大きく,また急速に変化しており,予測が困難な時代となっている。また,急激な少子高齢化が進む中で成熟社会を迎えた我が国にあっては,一人一人が持続可能な社会の担い手として,その多様性を原動力とし,質的な豊かさを伴った個人と社会の成長につながる新たな価値を生み出していくことが期待される。

　こうした変化の一つとして,人工知能（AI）の飛躍的な進化を挙げることができる。人工知能が自ら知識を概念的に理解し,思考し始めているとも言われ,雇用の在り方や学校において獲得する知識の意味にも大きな変化をもたらすのではないかとの予測も示されている。このことは同時に,人工知能がどれだけ進化し思考できるようになったとしても,その思考の目的を与えたり,目的のよさ・正しさ・美しさを判断したりできるのは人間の最も大きな強みであるということの再認識につながっている。

　このような時代にあって,学校教育には,子供たちが様々な変化に積極的に向き合い,他者と協働して課題を解決していくことや,様々な情報を見極め知識の概念的な理解を実現し情報を再構成するなどして新たな価値につなげていくこと,複雑な状況変化の中で目的を再構築することができるようにすることが求められている。

　このことは,本来,我が国の学校教育が大切にしてきたことであるものの,教師の世代交代が進むと同時に,学校内における教師の世代間のバランスが変化し,教育に関わる様々な経験や知見をどのように継承していくかが課題となり,また,子供たちを取り巻く環境の変化により学校が抱える課題も複雑化・困難化する中で,これまでどおり学校の工夫だけにその実現を委ねることは困難になってきている。

　こうした状況を踏まえ,平成26年11月には,文部科学大臣から新しい時代にふさわしい学習指導要領等の在り方について中央教育審議会に諮問を行った。中央教育審議会においては,2年1か月にわたる審議の末,平成28年12月21日に「幼稚園,小学校,中学校,高等学校及び特別支援学校の学習指導要領等の改善及び必要な方策等について（答申）」（以下「中央教育審議会答申」という。）を示し

た。

　中央教育審議会答申においては，"よりよい学校教育を通じてよりよい社会を創る"という目標を学校と社会が共有し，連携・協働しながら，新しい時代に求められる資質・能力を子供たちに育む「社会に開かれた教育課程」の実現を目指し，学習指導要領等が，学校，家庭，地域の関係者が幅広く共有し活用できる「学びの地図」としての役割を果たすことができるよう，次の6点にわたってその枠組みを改善するとともに，各学校において教育課程を軸に学校教育の改善・充実の好循環を生み出す「カリキュラム・マネジメント」の実現を目指すことなどが求められた。

① 「何ができるようになるか」（育成を目指す資質・能力）

② 「何を学ぶか」（教科等を学ぶ意義と，教科等間・学校段階等間のつながりを踏まえた教育課程の編成）

③ 「どのように学ぶか」（各教科等の指導計画の作成と実施，学習・指導の改善・充実）

④ 「子供一人一人の発達をどのように支援するか」（子供の発達を踏まえた指導）

⑤ 「何が身に付いたか」（学習評価の充実）

⑥ 「実施するために何が必要か」（学習指導要領等の理念を実現するために必要な方策）

　これを踏まえ，平成29年3月31日に学校教育法施行規則を改正するとともに，幼稚園教育要領，小学校学習指導要領及び中学校学習指導要領を公示した。小学校学習指導要領は，平成30年4月1日から第3学年及び第4学年において外国語活動を実施する等の円滑に移行するための措置（移行措置）を実施し，令和2年4月1日から全面実施することとしている。また，中学校学習指導要領は，平成30年4月1日から移行措置を実施し，令和3年4月1日から全面実施することとしている。

(2)　改訂の基本方針

　今回の改訂は中央教育審議会答申を踏まえ，次の基本方針に基づき行った。

①今回の改訂の基本的な考え方

　　ア　教育基本法，学校教育法などを踏まえ，これまでの我が国の学校教育の実践や蓄積を生かし，子供たちが未来社会を切り拓くための資質・能力を一層確実に育成することを目指す。その際，子供たちに求められる資質・能力とは何かを社会と共有し，連携する「社会に開かれた教育課程」を重視すること。

イ　知識及び技能の習得と思考力，判断力，表現力等の育成のバランスを重
視する平成 20 年改訂の学習指導要領の枠組みや教育内容を維持した上で，
知識の理解の質を更に高め，確かな学力を育成すること。

ウ　先行する特別教科化など道徳教育の充実や体験活動の重視，体育・健康
に関する指導の充実により，豊かな心や健やかな体を育成すること。

②育成を目指す資質・能力の明確化

中央教育審議会答申においては，予測困難な社会の変化に主体的に関わり，
感性を豊かに働かせながら，どのような未来を創っていくのか，どのように社
会や人生をよりよいものにしていくのかという目的を自ら考え，自らの可能性
を発揮し，よりよい社会と幸福な人生の創り手となる力を身に付けられるよう
にすることが重要であること，こうした力は全く新しい力ということではなく
学校教育が長年その育成を目指してきた「生きる力」であることを改めて捉え
直し，学校教育がしっかりとその強みを発揮できるようにしていくことが必要
とされた。また，汎用的な能力の育成を重視する世界的な潮流を踏まえつつ，
知識及び技能と思考力，判断力，表現力等をバランスよく育成してきた我が国
の学校教育の蓄積を生かしていくことが重要とされた。

このため「生きる力」をより具体化し，教育課程全体を通して育成を目指す
資質・能力を，ア「何を理解しているか，何ができるか（生きて働く「知識・
技能」の習得）」，イ「理解していること・できることをどう使うか（未知の状
況にも対応できる「思考力・判断力・表現力等」の育成）」，ウ「どのように社
会・世界と関わり，よりよい人生を送るか（学びを人生や社会に生かそうとす
る「学びに向かう力・人間性等」の涵養）」の三つの柱に整理するとともに，各
教科等の目標や内容についても，この三つの柱に基づく再整理を図るよう提言
がなされた。

今回の改訂では，知・徳・体にわたる「生きる力」を子供たちに育むために
「何のために学ぶのか」という各教科等を学ぶ意義を共有しながら，授業の創意
工夫や教科書等の教材の改善を引き出していくことができるようにするため，
全ての教科等の目標及び内容を「知識及び技能」，「思考力，判断力，表現力等」，
「学びに向かう力，人間性等」の三つの柱で再整理した。

③「主体的・対話的で深い学び」の実現に向けた授業改善の推進

子供たちが，学習内容を人生や社会の在り方と結び付けて深く理解し，これ
からの時代に求められる資質・能力を身に付け，生涯にわたって能動的に学び
続けることができるようにするためには，これまでの学校教育の蓄積を生かし，

第1章
総説

学習の質を一層高める授業改善の取組を活性化していくことが必要であり，我が国の優れた教育実践に見られる普遍的な視点である「主体的・対話的で深い学び」の実現に向けた授業改善（アクティブ・ラーニングの視点に立った授業改善）を推進することが求められる。

今回の改訂では「主体的・対話的で深い学び」の実現に向けた授業改善を進める際の指導上の配慮事項を総則に記載するとともに，各教科等の「第3　指導計画の作成と内容の取扱い」において，単元や題材など内容や時間のまとまりを見通して，その中で育む資質・能力の育成に向けて，「主体的・対話的で深い学び」の実現に向けた授業改善を進めることを示した。

その際，以下の6点に留意して取り組むことが重要である。

ア　児童生徒に求められる資質・能力を育成することを目指した授業改善の取組は，既に小・中学校を中心に多くの実践が積み重ねられており，特に義務教育段階はこれまで地道に取り組まれ蓄積されてきた実践を否定し，全く異なる指導方法を導入しなければならないと捉える必要はないこと。

イ　授業の方法や技術の改善のみを意図するものではなく，児童生徒に目指す資質・能力を育むために「主体的な学び」，「対話的な学び」，「深い学び」の視点で，授業改善を進めるものであること。

ウ　各教科等において通常行われている学習活動（言語活動，観察・実験，問題解決的な学習など）の質を向上させることを主眼とするものであること。

エ　1回1回の授業で全ての学びが実現されるものではなく，単元や題材など内容や時間のまとまりの中で，学習を見通し振り返る場面をどこに設定するか，グループなどで対話する場面をどこに設定するか，児童生徒が考える場面と教員が教える場面をどのように組み立てるかを考え，実現を図っていくものであること。

オ　深い学びの鍵として「見方・考え方」を働かせることが重要になること。各教科等の「見方・考え方」は，「どのような視点で物事を捉え，どのような考え方で思考していくのか」というその教科等ならではの物事を捉える視点や考え方である。各教科等を学ぶ本質的な意義の中核をなすものであり，教科等の学習と社会をつなぐものであることから，児童生徒が学習や人生において「見方・考え方」を自在に働かせることができるようにすることにこそ，教師の専門性が発揮されることが求められること。

カ　基礎的・基本的な知識及び技能の習得に課題がある場合には，その確実な習得を図ることを重視すること。

④各学校におけるカリキュラム・マネジメントの推進

　各学校においては，教科等の目標や内容を見通し，特に学習の基盤となる資質・能力（言語能力，情報活用能力，問題発見・解決能力等）や現代的な諸課題に対応して求められる資質・能力の育成のためには，教科等横断的な学習を充実することや，「主体的・対話的で深い学び」の実現に向けた授業改善を，単元や題材など内容や時間のまとまりを見通して行うことが求められる。これらの取組の実現のためには，学校全体として，児童生徒や学校，地域の実態を適切に把握し，教育内容や時間の配分，必要な人的・物的体制の確保，教育課程の実施状況に基づく改善などを通して，教育活動の質を向上させ，学習の効果の最大化を図るカリキュラム・マネジメントに努めることが求められる。

　このため総則において，「生徒や学校，地域の実態を適切に把握し，教育の目的や目標の実現に必要な教育の内容等を教科等横断的な視点で組み立てていくこと，教育課程の実施状況を評価してその改善を図っていくこと，教育課程の実施に必要な人的又は物的な体制を確保するとともにその改善を図っていくことなどを通して，教育課程に基づき組織的かつ計画的に各学校の教育活動の質の向上を図っていくこと（以下「カリキュラム・マネジメント」という。）に努める」ことについて新たに示した。

⑤教育内容の主な改善事項

　このほか，言語能力の確実な育成，理数教育の充実，伝統や文化に関する教育の充実，体験活動の充実，外国語教育の充実などについて，総則や各教科等において，その特質に応じて内容やその取扱いの充実を図った。

● 2　特別活動改訂の趣旨及び要点

(1)　改訂の趣旨

　中央教育審議会答申において，学習指導要領等改訂の基本的な方向性が示されるとともに，各教科等における改訂の具体的な方向性も示されている。今回の特別活動の改訂は，これらを踏まえて行われたものである。

①特別活動の成果と課題

　特別活動は，学級活動，生徒会活動・児童会活動，クラブ活動，学校行事から構成され，それぞれ構成の異なる集団での活動を通して，児童生徒が学校生活を送る上での基盤となる力や社会で生きて働く力を育む活動として機能してきた。協働性や異質なものを認め合う土壌を育むなど，生活集団，学習集団と

して機能するための基盤となるとともに，集団への所属感，連帯感を育み，それが学級文化，学校文化の醸成へとつながり，各学校の特色ある教育活動の展開を可能としている。

一方で，更なる充実が期待される今後の課題としては，以下のような点が挙げられる。

（特別活動において育成を目指す資質・能力の視点）

特別活動は「なすことによって学ぶ」ことを方法原理とし，各学校において特色ある取組が進められているが，各活動・学校行事において身に付けるべき資質・能力は何なのか，どのような学習過程を経ることにより資質・能力の向上につなげるのかということが必ずしも意識されないまま指導が行われてきたという実態も見られる。特別活動が各教科等の学びの基盤となるという面もあり，教育課程全体における特別活動の役割や機能も明らかにする必要がある。

（内容の示し方の視点）

内容や指導のプロセスの構造的な整理が必ずしもなされておらず，各活動等の関係性や意義，役割の整理が十分でないまま実践が行われてきたという実態も見られる。

（複雑で変化の激しい社会の中で求められる能力を育成するという視点）

社会参画の意識の低さが課題となる中で，自治的能力を育むことがこれまで以上に求められていること，キャリア教育を学校教育全体で進めていく中で特別活動が果たす役割への期待が大きいこと，防災を含む安全教育や体験活動など，社会の変化や要請も視野に入れ，各教科等の学習と関連付けながら，特別活動において育成を目指す資質・能力を示す必要がある。

②改訂の基本的な方向性

- 特別活動は，様々な構成の集団から学校生活を捉え，課題の発見や解決を行い，よりよい集団や学校生活を目指して様々に行われる活動の総体である。その活動の範囲は学年，学校段階が上がるにつれて広がりをもっていき，そこで育まれた資質・能力は，社会に出た後の様々な集団や人間関係の中で生かされていくことになる。このような特別活動の特質を踏まえ，これまでの目標を整理し，指導する上で重要な視点として「人間関係形成」，「社会参画」，「自己実現」の三つとして整理した。

- 特別活動において育成を目指す資質・能力については，「人間関係形成」，「社会参画」，「自己実現」の三つの視点を踏まえて特別活動の目標及び内容を整理し，学級活動，生徒会活動・児童会活動，クラブ活動，学校行事を

通して育成する資質・能力を明確化する。

・　内容については，様々な集団での活動を通して，自治的能力や主権者として積極的に社会参画する力を重視するため，学校や学級の課題を見いだし，よりよく解決するため，話し合って合意形成し実践することや，主体的に組織をつくり，役割分担して協力し合うことの重要性を明確化する。また，小学校から高等学校等までの教育活動全体の中で「基礎的・汎用的能力」を育むというキャリア教育本来の役割を改めて明確にするなど，小・中・高等学校等のつながりを明確にする。

(2)　改訂の要点
①目標の改善

　今回の改訂では，各教科等の学びを通して育成することを目指す資質・能力を三つの柱により明確にしつつ，それらを育むに当たり，生徒（児童）がどのような学びの過程を経験することが求められるか，さらには，そうした学びの過程において，質の高い深い学びを実現する観点から，特別活動の特質に応じた物事を捉える視点や考え方（見方・考え方）を働かせることが求められることを示している。

　特別活動の目標についても，「人間関係形成」，「社会参画」，「自己実現」という三つの視点を手掛かりとしながら，資質・能力の三つの柱に沿って目標を整理した。そして，そうした資質・能力を育成するための学習の過程として，「様々な集団活動に自主的，実践的に取り組み，互いのよさや可能性を発揮しながら集団や自己の生活上の課題を解決することを通して」資質・能力の育成を目指すこととした。第2章において詳述するように，この学習の過程は，これまでの特別活動の目標において「望ましい集団活動を通して」としてきたことを具体的に示したものである。

　そして，特別活動の特質に応じた見方・考え方として，「集団や社会の形成者としての見方・考え方」を働かせることとした。第3章以降において詳述するように，集団や社会の形成者としての見方・考え方は，特別活動と各教科等とが往還的な関係にあることを踏まえて，各教科等における見方・考え方を総合的に働かせて，集団や社会における問題を捉え，よりよい人間関係の形成，よりよい集団生活の構築や社会への参画及び自己の実現に関連付けることとして整理することができる。

②内容構成の改善

　特別活動が学級活動，生徒会活動・児童会活動，クラブ活動の各活動及び学

校行事から構成されるという大枠の構成に変化はないが，今回の改訂においては，特別活動全体の目標と各活動との関係について，それぞれの活動や学校行事の意義や活動を行う上で必要となることについて理解し，主体的に考えて実践できるように指導することを通して，特別活動の目標に示す資質・能力の育成を目指していくものであることを示した。そのために，従来は項目名だけが示されていた各活動の内容について，それぞれの項目においてどのような過程を通して学ぶのかを端的に示した。

なお，各活動及び学校行事で育成する資質・能力は，それぞれ別個のものではなく，各活動及び学校行事の特質に応じつつ特別活動全体の目標の実現に向けていくものである。このため，告示上，各活動及び行事の目標の中に育成することを目指す資質・能力を三つの柱で示していない。

〔学級活動〕の内容の構成については，小・中・高等学校を通して育成することを目指す資質・能力の観点から，次のように系統性が明確になるよう整理した。

- 小学校の学級活動に「(3) 一人一人のキャリア形成と自己実現」を設け，キャリア教育の視点からの小・中・高等学校等のつながりが明確になるようにした。
- 中学校において，与えられた課題ではなく学級生活における課題を自分たちで見いだして解決に向けて話し合う活動に，小学校の経験を生かして取り組むよう (1) の内容を重視する視点から，(2)，(3) の項目を整理した。

これにより，学級活動の内容の構成の大枠は小・中学校の系統性が明らかになるよう整理しつつ，それぞれの具体的な内容や示し方は，総則や各教科等の学習内容との関係も踏まえながら，各学校段階に応じたものとした。小学校の学級活動については，前回の改訂では，学年別の内容と共通事項の二つを示していたが，今回の改訂では，内容は各学年共通で示しつつ，学級活動の内容の取扱いにおいて，〔第1学年及び第2学年〕〔第3学年及び第4学年〕〔第5学年及び第6学年〕の各段階で特に配慮すべき事項を示した。

③内容の改善・充実

特別活動全体を通して，自治的能力や主権者として積極的に社会参画する力を育てることを重視し，学級や学校の課題を見いだし，よりよく解決するため話し合って合意形成すること，主体的に組織をつくり役割分担して協力し合うことの重要性を明確にした。

各活動における内容の改善・充実のポイントは次の通りである。

〔学級活動〕

○ 小学校段階から学級活動の内容に「(3) 一人一人のキャリア形成と自己実現」を新たに設けた。

○ 中学校において「(1) 学級や学校における生活づくりへの参画」の指導の充実を図るため，(2)，(3) の内容を，各項目の関連に配慮して整理した。

○ 学習の過程として，「(1) 学級や学校における生活づくりへの参画」については，集団としての合意形成を，「(2) 日常の生活や学習への適応と自己の成長及び健康安全」及び「(3) 一人一人のキャリア形成と自己実現」については，一人一人の意思決定を行うことを示した。

○ 総則において，特別活動が学校教育全体を通して行うキャリア教育の要となることが示されたことを踏まえ，キャリア教育に関わる様々な活動に関して，学校，家庭及び地域における学習や生活の見通しを立て，学んだことを振り返りながら，新たな学習や生活への意欲につなげたり，将来の生き方を考えたりする活動を行うこととした。また，その際，生徒が見通しを立てたり振り返ったりするための教材等を活用することとした。

〔生徒会活動・児童会活動〕

○ 内容の (1) を「生徒会（児童会）の組織づくりと生徒会活動（児童会活動）の計画や運営」として，生徒（児童）が主体的に組織をつくることを明示した。

○ 児童会活動における異年齢集団交流，生徒会活動においてはボランティア活動等の社会参画を重視することとした。

○ 小学校では，運営や計画は主として高学年の児童が行うこととしつつ，児童会活動・生徒会活動には，学校の全児童・生徒が主体的に参加できるよう配慮することを示した。

〔クラブ活動〕（小学校のみ）

○ 従来に引き続き，同好の異年齢の児童が共通の興味・関心を追求する活動であるとした上で，児童が計画を立てて役割分担し，協力して楽しく活動するものであることを明示した。

〔学校行事〕

○ 小学校における自然の中での集団宿泊活動，中学校における職場体験等の体験活動を引き続き重視することとした。

○ 健康安全・体育的行事の中で，事件や事故，災害から身を守ることについて明示した。

なお，学級活動（給食の時間を除く。）の標準授業時数は，年間35単位時間とし，生徒会活動及び学校行事については，それらの内容に応じ，年間，学期ごと，月ごと等に適切な時間を充てることについては変更はない。

④学習指導の改善・充実

特別活動の目標の実現のため，学校の教育活動全体の中における特別活動の役割も踏まえて充実を図ることが求められることとして，次のような点を示した。

○　特別活動の深い学びとして，児童生徒が集団や社会の形成者としての見方・考え方を働かせ，様々な集団活動に自主的，実践的に取り組む中で，互いのよさや個性，多様な考えを認め合い，等しく合意形成に関わり役割を担うようにすることを重視することとした。

○　小学校・中学校ともに，学級活動における児童生徒の自発的，自治的な活動を中心として，各活動と学校行事を相互に関連付けながら，学級経営の充実を図ることとした。

○　いじめの未然防止等を含めた生徒指導との関連を図ること，学校生活への適応や人間関係の形成などについて，主に集団の場面で必要な指導や援助を行うガイダンスと，個々の児童生徒の多様な実態を踏まえ一人一人が抱える課題に個別に対応した指導を行うカウンセリングの双方の趣旨を踏まえて指導を行うことを示した。

○　異年齢集団による交流を重視するとともに，障害のある幼児児童生徒との交流及び共同学習など多様な他者との交流や対話について充実することを示した。

第2章　特別活動の目標

第1節　特別活動の目標

学習指導要領第5章の第1「目標」で，次のとおり示している。

> 　集団や社会の形成者としての見方・考え方を働かせ，様々な集団活動に自主的，実践的に取り組み，互いのよさや可能性を発揮しながら集団や自己の生活上の課題を解決することを通して，次のとおり資質・能力を育成することを目指す。
> 　(1)　多様な他者と協働する様々な集団活動の意義や活動を行う上で必要となることについて理解し，行動の仕方を身に付けるようにする。
> 　(2)　集団や自己の生活，人間関係の課題を見いだし，解決するために話し合い，合意形成を図ったり，意思決定したりすることができるようにする。
> 　(3)　自主的，実践的な集団活動を通して身に付けたことを生かして，集団や社会における生活及び人間関係をよりよく形成するとともに，人間としての生き方についての考えを深め，自己実現を図ろうとする態度を養う。

　この特別活動の目標は，学級活動，生徒会活動及び学校行事の三つの内容（以下「各活動・学校行事」という。）の目標を総括する目標である。

● 1　特別活動の目標

　特別活動は，「集団や社会の形成者としての見方・考え方」を働かせながら「様々な集団活動に自主的，実践的に取り組み，互いのよさや可能性を発揮しながら集団や自己の生活上の課題を解決する」ことを通して，資質・能力を育むことを目指す教育活動である。

　今回の改訂では，各教科等の指導を通してどのような資質・能力の育成を目指すのかを明確にしつつ，それらを育むに当たり，生徒がどのような学びの過程を経るのかということ，さらにはそうした学びの過程において，各教科等の特質に応じた「見方・考え方」を働かせながら，教育活動の充実を図ることを，各教科等の目標の中で示した。

特別活動においても，こうした考え方に基づいて目標を示した。このことは，これまでの特別活動の基本的な性格を転換するものではなく，教育課程の内外を含めた学校の教育活動全体における特別活動の役割を，より一層明確に示すものである。

(1) 特別活動における「人間関係形成」，「社会参画」，「自己実現」の視点

特別活動において育成を目指す資質・能力や，それらを育成するための学習過程の在り方を整理するに当たっては，これまで目標において示してきた要素や特別活動の特質，教育課程全体において特別活動が果たすべき役割などを勘案して，「人間関係形成」，「社会参画」，「自己実現」の三つを視点に整理した。

これらの三つの視点は，特別活動において育成する資質・能力における重要な要素であり，(4)において述べるように，これらの資質・能力を育成する学習の過程においても重要な意味をもつ。「人間関係形成」，「社会参画」，「自己実現」の三つの視点が，育成を目指す資質・能力に関わるものであると同時に，それらを育成する学習の過程においても重要な意味をもつということは，特別活動の方法原理が「なすことによって学ぶ」ということにある。

三つの視点はそれぞれ重要であるが，相互に関わり合っていて，明確に区別されるものでないことにも留意することが必要である。

① 「人間関係形成」

「人間関係形成」は，集団の中で，人間関係を自主的，実践的によりよいものへと形成するという視点である。人間関係形成に必要な資質・能力は，集団の中において，課題の発見から実践，振り返りなど特別活動の学習過程全体を通して，個人と個人あるいは個人と集団という関係性の中で育まれると考えられる。年齢や性別といった属性，考え方や関心，意見の違い等を理解した上で認め合い，互いのよさを生かすような関係をつくることが大切である。

なお，「人間関係形成」と「人間関係をよりよく形成すること」は同じ視点として整理している。

② 「社会参画」

「社会参画」はよりよい学級・学校生活づくりなど，集団や社会に参画し様々な問題を主体的に解決しようとするという視点である。社会参画のために必要な資質・能力は，集団の中において，自発的，自治的な活動を通して，個人が集団へ関与する中で育まれるものと考えられる。学校は一つの小さな社会であると同時に，様々な集団から構成される。学校内の様々な集団における活動に

関わることが，地域や社会に対する参画，持続可能な社会の担い手となっていくことにもつながっていく。

　なお，社会は，様々な集団で構成されていると捉えられることから，学級や学校の集団をよりよくするために参画することと，社会をよりよくするために参画することは，「社会参画」という意味で同じ視点として整理している。

③「自己実現」

　「自己実現」は，一般的には様々な意味で用いられるが，特別活動においては，集団の中で，現在及び将来の自己の生活の課題を発見しよりよく改善しようとする視点である。自己実現のために必要な資質・能力は，自己の理解を深め，自己のよさや可能性を生かす力，自己の在り方や生き方を考え設計する力など，集団の中において，個々人が共通して当面する現在及び将来に関わる課題を考察する中で育まれるものと考えられる。

(2)　集団や社会の形成者としての見方・考え方を働かせる

　学級や学校は，生徒にとって最も身近な社会である。生徒は学級や学校という社会での生活の中で，様々な集団活動を通して，多様な人間関係の築き方や，集団の発展に寄与すること，よりよい自分を追求することなどを学ぶことになる。生徒は，学年・学校段階が上がるにつれて人間関係や活動の範囲を広げ，特別活動で身に付けたこのような資質・能力と，教科等で学んだことを，地域・社会などその後の様々な集団や人間関係の中で生かしていく。

　こうした学習の過程においては，特別活動ならではの「見方・考え方」を働かせることが重要である。今回の改訂で各教科等の目標に位置付けられた「見方・考え方」は，各教科等の特質に応じた，各教科等ならではの物事を捉える視点や考え方であり，各教科等を学ぶ意義の中核をなすものである。特別活動の特質が，課題を見いだし解決に向けて取り組むという実践的な学習であるということや，各教科等で学んだことを実際の生活において総合的に活用して実践するということにあることから考え，特別活動の特質に応じた見方・考え方は「集団や社会の形成者としての見方・考え方」として示した。

　「集団や社会の形成者としての見方・考え方」を働かせるということは，各教科等の見方・考え方を総合的に働かせながら，自己及び集団や社会の問題を捉え，よりよい人間関係の形成，よりよい集団生活の構築や社会への参画及び自己の実現に向けた実践に結び付けることである。こうした「見方・考え方」は特別活動の中で働くだけでなく，大人になって生活していくに当たっても重要な働きをする。

(3) 様々な集団活動に自主的，実践的に取り組み，互いのよさや可能性を発揮しながら集団や自己の生活上の課題を解決する

　今回の改訂では，資質・能力を育成するために，「様々な集団活動に自主的，実践的に取り組み，互いのよさや可能性を発揮しながら集団や自己の生活上の課題を解決すること通して」という学習の過程を示した。

①様々な集団活動

　私たちは社会の中で，様々な集団を単位として活動する。集団は，目的によってつながっていたり，生活する地域を同じにするという点においてつながっていたりと様々なものがある。目的や構成が異なる様々な集団での活動を通して，自分や他者のよさや可能性に気付いたり，それを発揮したりすることができるようになる。

　学校は一つの小さな社会であり，様々な集団から構成される。特別活動は，各活動・学校行事における様々な集団活動の中で，生徒が集団や自己の課題の解決に向けて取り組む活動である。集団の活動の範囲は学年や学校段階が上がるにつれて広がりをもっていき，社会に出た後の様々な集団や人間関係の中でその資質・能力は生かされていくことになる。

　学級活動は，学校生活において最も基礎的な集団である学級を基盤とした活動である。卒業後においては，職業生活を共にする職場における集団や，日々の生活の基盤となる家庭といった集団での生活につながる活動である。

　日々の生活を共にする中で，生徒は，一人一人の意見や意思は多様であることを知り，時には葛藤や対立を経験する。こうした中で，自ら規律ある生活を送るために，様々な課題を見いだし，課題の解決に向けて話し合い，合意形成を図って決まったことに対して協力して実践したり，意思決定したことを努力して実践したりする。

　生徒会活動は，主に学校生活全般に関する自発的，自治的な活動である。卒業後においては，地域社会における自治的な活動につながる活動である。生徒会では，生徒会全体が一つの集団であるという面と，委員会活動などにおいて，役割を同じくする異年齢の集団を構成する面もある。いずれにしても学級の枠を超え，よりよい学校づくりに参画し，協力して諸課題の解決を行う活動である。

　学校行事は，学年や学校全体という大きな集団において，一つの目的のもとに行われる様々な活動の総体である。卒業後は地域や社会の行事や催し物など，様々な集団で所属感や連帯感を高めながら一つの目標などに向かって取り組む活動につながる活動である。学年や学校が計画し，実施するものであり，生徒

が積極的に参加したり協力したりすることにより充実する教育活動である。生徒の積極的な参加による体験的な活動を行うものであり，学校内だけでなく，地域行事や催し物等，学校外の活動ともつながりをもち，内容によっては，地域の様々な人々で構成する集団と協力することもある。このような学校行事の活動を通して，生徒は多様な集団への所属感や連帯感を高めていくものである。

②自主的，実践的に取り組む

　特別活動の各活動・学校行事は，一人一人の生徒の学級や学校の生活における諸問題への対応や課題解決の仕方などを自主的，実践的に学ぶ活動内容によって構成されている。特別活動の目標や内容で示している資質・能力は，自主的，実践的な活動を通して初めて身に付くものである。例えば，多様な他者と協働する様々な集団活動の意義を理解し，そうした活動に積極的に取り組もうとする態度を育てるためには，実際に学級や学校の生活をよりよくするための活動に全ての生徒が取り組むことを通して，そのよさや大切さを，一人一人が実感を伴って理解することが大切である。また，例えば事件や事故，災害等から身を守る安全な行動を体得するためには，表面的・形式的ではなく，より具体的な場面を想定した訓練等を体験することによって，各教科等で学習した安全に関する資質・能力が実際に活用できるものとなる。このように，集団活動の中で，一人一人の生徒が，実生活における課題の解決に取り組むことを通して学ぶことが，特別活動における自主的，実践的な学習である。

　特別活動のいずれの活動も，生徒が自主的，実践的に取り組むことを特質としているが，学級活動の内容（1）及び生徒会活動においては，さらに「自発的，自治的な活動」であることを特質としている。「自発的，自治的な活動」は，「自主的，実践的」であることに加えて，目的をもって編制された集団において，生徒が自ら課題等を見いだし，その解決方法・取扱い方法などについての合意形成を図り，協力して目標を達成していくものである。生徒の自発的，自治的な活動に係る内容と，それ以外の内容については，本解説第3章で説明するように，学習過程に違いがあるが，いずれの場合にも，生徒の自主的，実践的な活動が助長されるようにする必要がある。この点については本解説第4章で解説する。

③互いのよさや可能性を発揮しながら

　「互いのよさや可能性を発揮しながら」は，これまでの学習指導要領の目標で「望ましい集団活動を通して」として示した趣旨をより具体的にしたものである。

①で説明したように，特別活動の大きな特質の一つとして，様々な集団での活動を基本とすることが挙げられる。特別活動における集団活動の指導においては，過度に個々やグループでの競争を強いたり，過度に連帯による責任を求めて同調圧力を高めたりするなど，その指導方法によっては，違いを排除することにつながり，例えば，「いじめ」などに見られるように一部の生徒が排斥されたり，「不登校」のきっかけになったり，生徒一人一人のよさが十分発揮できなかったりすることも危惧される。また，一見すると学級全体で協力的に実践が進められているように見えても，実際には教師の意向や一部の限られた生徒の考えだけで動かされていたり，単なるなれ合いとなっていたりしている場合もある。このような状況は，特別活動の学習過程として望ましいものとは言えない。

集団における合意形成では，同調圧力に流されることなく，批判的思考力をもち，他者の意見も受け入れつつ自分の考えも主張できるようにすることが大切である。そして，異なる意見や意思をもとに，様々な解決の方法を模索し，問題を多面的・多角的に考えて，解決方法について合意形成を図ることが，「互いのよさや可能性を発揮しながら」につながるのである。

こうしたことを常に念頭に置き，特別活動における集団活動の指導に当たっては，「いじめ」や「不登校」等の未然防止等も踏まえ，生徒一人一人を尊重し，生徒が互いのよさや可能性を発揮し，生かし，伸ばし合うなど，よりよく成長し合えるような集団活動として展開しなければならない。このような特別活動の特質は，学級経営や生徒指導の充実とも深く関わるものである。

なお，学習指導要領の前文においても，「（中略）一人一人の生徒が，自分のよさや可能性を認識するとともに，あらゆる他者を価値のある存在として尊重し，多様な人々と協働しながら様々な社会的変化を乗り越え，豊かな人生を切り拓き，持続可能な社会の創り手となることができるようにすることが求められる。」と示されている。このことは特別活動にとどまらず，学校教育全体で大切にする必要があることを示している。

④集団や自己の生活上の課題を解決する

「集団や自己の生活上の課題を解決する」とは，様々な集団活動を通して集団や個人の課題を見いだし，解決するための方法や内容を話し合って，合意形成や意思決定をするとともに，それを協働して成し遂げたり強い意志をもって実現したりする生徒の活動内容や学習過程を示したものである。

「なすことによって学ぶ」を方法原理としている特別活動においては，学級や学校生活には自分たちで解決できる課題があること，その課題を自分たちで見

いだすことが必要であること，単に話し合えば解決するのではなく，その後の実践に取り組み，振り返って成果や課題を明らかにし，次なる課題解決に向かうことなどが大切であることに気付いたり，その方法や手順を体得できるようにしたりすることが求められる。

ここで言う「課題」は，現在生じている問題を解消するにとどまらず，広く集団や自己の現在や将来の生活をよりよくするために取り組む内容を指している。各活動・学校行事における課題については，第3章において解説する。

(4)　特別活動で育成を目指す資質・能力

特別活動では，学んだことを人生や社会での在り方と結び付けて深く理解したり，これからの時代に求められる資質・能力を意識して身に付けたり，生涯にわたって能動的に学び続けたりすることができるようになることが重要である。

そこで，指導に当たっては，生徒が互いのよさや可能性を発揮し，よりよく成長し合えるような集団活動を特別活動における「集団や社会の形成者としての見方・考え方」を働かせながら展開することを通して，以下のような資質・能力を育むことが大切である。

①「知識及び技能（何を知っているか，何ができるか）」

> 多様な他者と協働する様々な集団活動の意義や活動を行う上で必要となることについて理解し，行動の仕方を身に付けるようにする。

学級や学校における集団活動を前提とする特別活動は，よりよい人間関係の形成や合意形成，意思決定をどのように図っていくかということを大切にしている。こうした集団活動を通して，話合いの進め方やよりよい合意形成と意思決定の仕方，チームワークの重要性や役割分担の意義等について理解することが必要である。これは，方法論的な知識や技能だけではなくよりよい人間関係とはどのようなものなのか，合意形成や意思決定とはどういうことなのか，という本質的な理解も極めて重要である。知識や技能を教授するのではなく，各教科等において学習したことも含めて，特別活動の実践活動や体験活動を通して体得させていくようにすることが必要である。

具体的には，例えば次のように知識や技能を身に付けていくことが考えられる。

集団で活動する上での様々な困難を乗り越えるためには何が必要になるのかを理解すること，集団でなくては成し遂げられないことや集団で行うからこそ

得られる達成感があることを理解することなど，集団と個との関係について理解することが重要である。集団活動の意義が社会の中で果たしている役割や意義，人間としての在り方や生き方との関連で集団活動の価値を理解することも必要である。

また，基本的な生活習慣，学校生活のきまり，社会生活におけるルールやマナー及びその意義について理解し，実践できるようにすることなど，集団や人間関係をよりよく構築していく中で大切にすべきことを理解し実践できるようにすることも必要である。

さらに，現在及び将来の自己と学習の関連や意義を理解し，課題解決に向けて意思決定し，行動することの意義や，そのために必要となること，大切にしなければならないことなどを理解することも必要である。特に，将来の社会的・職業的な自立と現在の学習がどのように関わるかということを理解し，現在，自分でできることを意思決定し，実践していくことが重要である。

② 「思考力，判断力，表現力等（知っていること，できることをどう使うか）」

> 集団や自己の生活，人間関係の課題を見いだし，解決するために話し合い，合意形成を図ったり，意思決定したりすることができるようにする。

特別活動では，学級や学校における様々な集団活動を通して，自己の生活上の課題や他者との関係の中で生じる課題を見いだす。そして，その解決のために話し合い，決まったことを実践する。さらに，実践したことを振り返って次の課題解決に向かう。この一連の活動過程において，生徒が各教科等で学んだ知識などを課題解決に関連付けながら主体的に考えたり判断したりすることを通して，個人と集団との関わりの中で合意形成や意思決定が行われ，こうした経験や学習の積み重ねにより，課題解決の過程において必要となる「思考力，判断力，表現力等」が育成される。

具体的には，様々な集団活動の中で，例えば次のようなことができるようにすることが考えられる。

○ 人間関係をよりよく構築していくために，多様な場面で，自分と異なる考えや立場にある多様な他者を尊重し，認め合いながら，支え合ったり補い合ったりして，協働していくこと。

○ 集団をよりよく改善したり，主体的に社会に参画し形成したりするために，自他のよさや可能性を発揮しながら，主体的に集団や社会の問題について理解し，合意形成を図ってよりよい解決策を決め，それに取り組むこと。

○　現在及び将来に向けた自己実現のために，自己のよさや個性，置かれている環境を様々な角度から理解するとともに，進路や社会に関する情報を収集・整理し，将来を見通して人間としての生き方を選択・形成すること。また，意思決定したことに向けて努力したり，必要に応じて見直したりすること。

③「学びに向かう力，人間性等（どのように社会・世界と関わり，よりよい人生を送るか）」

> 自主的，実践的な集団活動を通して身に付けたことを生かして，集団や社会における生活及び人間関係をよりよく形成するとともに，人間としての生き方についての考えを深め，自己実現を図ろうとする態度を養う。

　人は，実社会において，目的を達成するため，また，自己実現を図るために様々な集団に所属したり，集団を構築したりする。その中で様々な困難や障害を克服し，自分を磨き人間性を高めている。したがって，多様な集団に所属し，その中でよりよい人間関係を形成しようとしたり，よりよい集団や社会を構築しようとしたり，自己実現を図ろうとしたりすることは，正に学び続ける人間としての在り方や生き方と深く関わるものである。

　特別活動では，様々な集団活動の役割や意義を理解し，生徒自身が様々な活動に自主的，実践的に関わろうとする態度を育てることが必要である。

　具体的には，例えば次のような態度を養うことが考えられる。

○　多様な他者の価値観や個性を受け入れ，助け合ったり協力し合ったり，新たな環境のもとで人間関係を築こうとする態度

○　集団や社会の形成者として，多様な他者と協働し，問題を解決し，よりよい生活をつくろうとする態度や多様な他者と協働して解決しようとする態度

○　日常の生活や自己の在り方を主体的に改善しようとしたり，将来を思い描き，自分にふさわしい生き方や職業を主体的に考え，選択しようとしたりする態度

●2　特別活動の目標と各活動・学校行事の目標との関連

　特別活動は，各活動・学校行事で構成されており，それぞれ独自の目標と内容をもつ教育活動である。しかし，それらは決して別々に異なる目標を達成するこ

ととしているものではない。構成や規模，活動の形態などが異なる集団活動を通して，第1の目標に掲げる特別活動で育成すべき「資質・能力」を身に付けることを目指して行うものである。

学習指導要領第5章の第2では，各活動・学校行事の目標を，次のとおり示している。

いずれの目標も，集団の特質や活動の過程の特徴を踏まえた活動を通して，第1の目標に示す資質・能力を育てるものであることを示している。学習指導要領において，各活動・学校行事ごとに育成を目指す資質・能力を資質・能力の三つの柱に即して具体的に示していないのはそのためであり，各学校においては，こうした特別活動の全体目標と各活動・学校行事の目標の関係を踏まえて，それぞれの活動の特質を生かした指導計画を作成し，指導の充実を図ることが大切である。

（特別活動の目標（全体目標））

　集団や社会の形成者としての見方・考え方を働かせ，様々な集団活動に自主的，実践的に取り組み，互いのよさや可能性を発揮しながら集団や自己の生活上の課題を解決することを通して，次のとおり資質・能力を育成することを目指す。

（1）多様な他者と協働する様々な集団活動の意義や活動を行う上で必要となることについて理解し，行動の仕方を身に付けるようにする。

（2）集団や自己の生活，人間関係の課題を見いだし，解決するために話し合い，合意形成を図ったり，意思決定したりすることができるようにする。

（3）自主的，実践的な集団活動を通して身に付けたことを生かして，集団や社会における生活及び人間関係をよりよく形成するとともに，人間としての生き方についての考えを深め，自己実現を図ろうとする態度を養う。

（学級活動の目標）

　学級や学校での生活をよりよくするための課題を見いだし，解決するために話し合い，合意形成し，役割を分担して協力して実践したり，学級での話合いを生かして自己の課題の解決及び将来の生き方を描くために意思決定して実践したりすることに，自主的，実践的に取り組むことを通して，第1の目標に掲げる資質・能力を育成することを目指す。

（生徒会活動の目標）

　異年齢の生徒同士で協力し，学校生活の充実と向上を図るための諸問題の解決に向けて，計画を立て役割を分担し，協力して運営することに自主的，実践的に取り組むことを通して，第1の目標に掲げる資質・能力を育成することを目指す。

（学校行事の目標）

　全校又は学年の生徒で協力し，よりよい学校生活を築くための体験的な活動を通して，集団への所属感や連帯感を深め，公共の精神を養いながら，第1の目標に掲げる資質・能力を育成することを目指す。

●3　特別活動における「主体的・対話的で深い学び」の実現

　学習指導要領第1章総則の第3の1の（1）において，資質・能力を偏りなく育成するために，生徒の主体的・対話的で深い学びの実現に向けた授業改善を行うこと，その際には各教科等の見方・考え方を働かせ，各教科等の学習の過程を重視して充実を図ることを示している。

　特別活動においては，生徒同士の話合い活動や，生徒が自主的，実践的に活動することをその特質としてきた。特別活動における主体的・対話的で深い学びの実現は，各活動・学校行事の学習過程において，授業や指導の工夫改善を行うことで，一連の活動過程の中での質の高い学びを実現することである。それは，特別活動の各活動・学校行事の内容を深く理解し，それぞれを通して資質・能力を身に付け，中学校卒業後も能動的に学び続けるようにすることでもある。

　「主体的な学び」の実現とは，学ぶことに興味・関心をもち，学校生活に起因する諸課題の改善・解消やキャリア形成の方向性と自己との関連を明確にしながら，見通しをもって粘り強く取り組み，自己の活動を振り返りながら改善・解消に励むなど，活動の意義を理解した取組である。

　特別活動においては，学級や学校における集団活動を通して，生活上の諸課題を見いだし解決できるようにすることが大切である。例えば，自分たちの実態や自己の現状に即して，課題を見いだしたり，解決方法を決めて実践したり，その取組を振り返り，よい点や改善点に気付いたりできるようにすることが大切である。こうした学習過程によって，集団や自己の新たな課題の発見や目標の設定が

可能となり，生活を更によりよくしようという次の活動への動機付けとなるなど，生徒の主体的な学びが可能になる。

「対話的な学び」の実現とは，生徒相互の協働，教職員や地域の人との対話，先哲の考え方や資料等を手掛かりに考えたり話し合ったりすることを通して，自己の考え方を協働的に広げ深めていくことである。

特別活動は多様な他者との様々な集団活動を行うことを基本とし，そこでの「話合い」を全ての活動において重視してきた。学級活動や生徒会活動の自治的な活動においては，学級や学校における生活上の課題を見いだし，解決するために合意形成を図ったり，意思決定したりする中で，他者の意見に触れ，自分の考えを広げ，課題について多面的・多角的に考えたりすることが重要である。

また，対話的な学びは，学級など同一集団の生徒同士の話合いにとどまるものではない。異年齢の児童生徒や障害のある幼児児童生徒等，多様な他者と対話しながら協働することや地域の人との交流を通して自分の考えを広げたり，自分のよさや努力に気付き自己肯定感を高めたりすること，自然体験活動を通して自然と向き合い学校生活では得られない体験から新たな気付きを得ること，職場体験活動を通して働く人の思いに触れて自分の勤労観・職業感を高めること，キャリア形成に関する自分自身の意思決定の過程において他者や教師との対話を通して自己の考えを発展させることなど，感性や思考力，実践力を豊かにし，よりよい合意形成や意思決定ができるようになることも，特別活動における対話的な学びとして重要である。

「深い学び」の実現とは，学びの過程の中で，各教科等の特質に応じた「見方・考え方」を働かせながら，知識を相互に関連付けてより深く理解したり，情報を精査して考えを形成したり，新たな課題を見いだして解決策を考えたり，思いや考えを基に創造したりすることで，学んだことを深めることである。

特別活動における「深い学び」の実現には，特別活動が重視している「実践」を，単に行動の場面と狭く捉えるのではなく，課題の設定から振り返りまでの一連の活動を「実践」と捉えることが大切である。特別活動において重視する「人間関係形成」，「社会参画」，「自己実現」の三つの視点のいずれについても各教科等で育成する資質・能力と様々に関わっている。基本的な学習過程を繰り返す中で，各教科等の特質に応じた見方・考え方を総合的に働かせ，各教科等で学んだ知識や技能などを，集団及び自己の問題の解決のために活用していくことが大切である。

そのためには，それぞれの学習過程において，どのような資質・能力を育むことが必要なのかを明確にした上で，意図的・計画的に指導に当たることが，「深い学び」の実現につながるのである。

第2節　特別活動の基本的な性格と教育活動全体における意義

　特別活動とは，様々な集団活動を通して，自己や学校生活を捉え，課題を見いだし，その改善・解消に向け，よりよい集団や学校生活を目指して行われる様々な活動の総体である。その活動の範囲は学年・学校段階が上がるにつれて広がりをもっていき，社会に出た後の様々な集団や人間関係の中でその資質・能力は生かされていくことになる。このことから，特別活動の基本的な性格を次のとおり捉えることができる。

● 1　人間形成と特別活動

　社会の変化は加速度を増し，複雑で予測困難となってきている。しかもそうした変化が，どのような職業や人生を選択するかに関わらず，全ての生徒の生き方に影響するものとなっている。すなわち，これからの複雑で変化の激しい社会において，将来，社会的・職業的に自立して生きるための「生きる力」を育成することが，一層求められている。

　特に，グローバル化や情報化の進む社会において，様々な情報や出来事を受け止め，主体的に選択・判断しながら，自分を社会の中でどのように位置付け，社会をどう描くかを考え，多様な他者と共に生き，課題を解決していくための力がますます重要となる。

　加えて，平和で民主的な国家及び社会の在り方に責任を有する主権者として，また，自己の個性や能力を生かして活躍する自立した人間として，基本的な生活習慣の確立，適切な判断や意思決定に基づき，主体的に社会参画することが，強く求められているところである。

　このような複雑で変化の激しい社会をたくましく生きていかなければならない生徒には，多様な他者と協働して創造的に課題を解決する力や，希望や目標をもって生きる態度を身に付けることが重要である。

　これまで，特別活動は，学校における集団活動や体験的な活動を通して，各教科や道徳等で身に付けた力を，実際の生活において生きて働く汎用的な力とするため人間形成の場として，教育課程上の重要な役割を担ってきた。また，生徒が学校生活を送る上での基盤となる力や実際の生活において生きて働く力とするための人間形成の場として機能してきた。

　学校は人と人とが関わり合う一つの社会である。生徒は，多様な他者と関わり合って生き，特別活動を通して学校における生活の向上に努め，多様な他者と関わり合ってよりよく生きようとすることを学ぶのである。

このような資質・能力は，学校の教育活動全体を通して育成されるものであるが，特に，特別活動は，学校における様々な集団活動や体験的な活動を通して，生徒の人間形成を図ることを特質としており，極めて大きな役割を担うものである。

（1）　学校生活や学習の基盤としての集団づくり

特別活動は，学級や学校の様々な集団づくりに重要な役割を果たしている。特別活動では，学校の内外で，多様な他者と関わり合う集団活動の機会が豊富にある。各活動・学校行事を通して，生徒は，多様な集団活動を経験し，集団における行動や生活の在り方を学び，よりよい集団づくりに参画する。

特に学級の集団づくりは，生徒一人一人のよさや可能性を生かすと同時に，他者の失敗や短所に寛容で共感的な学級の雰囲気を醸成する。学級活動における自発的，自治的な活動や，学級として学校行事に取り組むことを通して，学級に所属する生徒一人一人が，学級への帰属意識や生活上の規範意識を高め，自分の居場所として安心して学習に励むことのできる学級づくりにつながっていく。また，学級活動を通して，個々の生徒の生活や学習上の課題を解消することや，学ぶ意義についての理解を深め，自己の進路の実現を図ろうとする，自己実現に向けた生徒の活動を通して，生徒が各教科等の学習に主体的に取り組むことができるようになっていく。

このような指導は，個々の生徒の学校生活の基盤づくりや教科における学習環境づくりに欠くことのできない重要な役割を担う。なお，こうした指導について生徒指導の視点からは，学業指導と呼ぶ。

一方，集団づくりにおいて，「連帯感」や「所属感」を大切にするあまり，ともすれば，教師の期待する生徒像や集団の姿からの逸脱を許容しないことで，過度の同調圧力につながりかねないという問題もあった。

また，グローバル化や情報化の進展する社会において，現在の社会がどのような社会であるかということを基準にするのではなく，将来とは予測することが困難なものであるという前提で生徒が学習することが必要なものが何かを提起する必要がある。例えば，近年，地域を問わず，外国籍の生徒やいわゆる外国につながる生徒が学校に増えてきているように，様々な社会的・文化的背景をもつ他者と共に生活するということが急速に身近になりつつある。また，実際に他者と対面する現実空間だけでなく，インターネットなどを通した仮想空間での他者との関わりも増え，地域や国という境界を超えて人と人とのつながりが広がっている。このような社会の変化において，生徒は，多様な他者と関わり，今までに経験したことも見たこともない文化に向き合って生きることになる。人と人との関わり

も変容していく社会において，生徒には自立した人間として他者とよりよく協働することができる資質・能力を育むことが求められている。

こうしたことを踏まえ，特別活動における様々な集団活動においては，その過程が，一人一人のよさや可能性が認められるものでなければならないことを，特別活動の目標において明確に示した。

このように学校生活や学習の基盤としての集団づくりは，生徒の現在及び将来に強く関わるものであり，これまでも特別活動として特に大事にしてきたものを今回の改訂においても改めて明確にしたものである。

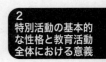

(2) 発達的な特質を踏まえた指導

中学校は，義務教育として，生徒の有する能力を伸ばしつつ社会において自立的に生きる基礎を培うとともに，国家及び社会の形成者として必要とされる基本的な資質を養うという役割を担っている。同時に，学校教育においては，児童生徒の心身の発達に応じて，体系的な教育を組織的に行わなければならず，中学校教育においては，小学校との円滑な接続や中学校卒業後の進路との接続も視野に入れつつ，中学生の発達の段階を踏まえた教育活動の充実を図ることが求められる。中学校段階の生徒の成長の過程における主な特徴としては，思春期に入り，親や周りの友達と異なる自分独自の内面の世界があることに気付いていくことが挙げられる。また，内面の世界が周りの友達にもあることに気付き，友人との関係が自分に意味を与えてくれると感じる。さらに，未熟ながらも大人に近い心身の力をもつようになり，大人の社会と関わる中で，大人もそれぞれ自分の世界をもちつつ，社会で責任を果たしていることに気付くようになる時期である。このように中学生の時期には，自我の目覚めや心身の発達により自主独立の要求が高まることから，生徒の自発的，自治的な活動を可能な範囲で尊重し，生徒が自らの力で組織を作り，活動計画を立て，協力し合って学びに向かう集団づくりができるように導くことが大切になる。

しかし，生徒の自主性が高まるとはいえ，生活体験や社会体験もまだ十分でなく，自分の考えにも十分な自信がもてない時期でもあるため，当然教師の適切な指導や個別的な援助などが必要である。そのためには，個々の生徒をよく理解するとともに，集団の場面における指導や個別的な援助の在り方の工夫に努め，生徒の自主的，実践的な活動を促していくことが大切である。また，学校生活においても，新しい友達との出会いや，教科担任制による多様な教師との出会い，社会的関心の広がり，そして進路の選択など新しい環境や課題に直面していく時期である。そうした中，生徒は，現在及び将来における自己の生き方について模索し始めるが，個々の価値観が多様化し，人間としての生き方にも様々な変化や問

題点が生じている現代の社会にあっては，全ての生徒が望ましい生き方を自覚し，これを深められるとは限らない。中には，自己の生き方に不安を抱き，自己を見失う生徒もおり，また，挫折や失敗によって，自信のない生き方をしている生徒も少なくはない。現実から逃避し，今の自分さえよければよいといったように自分自身の成長の可能性を自ら閉ざすことなく，他者，社会，自然などの環境との関わりの中で生きるという自覚を伴って成長していくことができるようにすることが大切である。そのためには，学校における多様な集団活動の充実を図るとともに，社会的な体験を重視し，人間としての望ましい在り方や生き方の自覚を深め，主体的に物事を選択し，現在及び将来を豊かに生きるための資質・能力を養う特別活動の充実が重要である。

　なお，本解説においては，特別活動の場面における教師から生徒への適切な働きかけを全て「指導」と表現するが，その中には，単に教師が望ましいと考える方向へと導こうとする（狭い意味での「指導」）だけでなく，生徒自らが成長しようとしたり，生徒同士で互いに成長し合おうとしたりすることを尊重し，それを促す（「援助」）ことの，両方の側面から関わっていく必要がある。

● 2　特別活動の教育活動全体における意義

　特別活動は，「集団活動」と「実践的な活動」を特質とすることが強調されてきた。

　学級や学校における集団は，それぞれの活動目標をもち，目標を達成するための方法や手段を全員で考え，共通の目標を目指して協力して実践していくものである。特に，実践的な活動とは，生徒が学級や学校生活の充実・向上を目指して，自分たちの力で諸問題の解決に向けて具体的な活動を実践することを意味している。したがって，生徒の実践を前提とし，実践を助長する指導が求められるのであり，生徒の発意・発想を重視し，啓発しながら，「なすことによって学ぶ」を方法原理とすることが大切である。

　この特質を継承しながら，次の教育的意義が，今回の改訂では更に強調されている。

(1)　特別活動の特質を踏まえた資質・能力の育成

　特別活動は，学校生活を送る上での基盤となる力や，社会で他者と関わって生きて働く力を育む活動として機能し，人間形成の中でも特に，情意面や態度面の資質・能力の育成について強調してきた。今回の改訂では，各教科等を通して育成することを目指す資質・能力として「知識及び技能」，「思考力，判断力，表現

力等」,「学びに向かう力，人間性等」をバランスよく育むことを重視している。
そのために重要なことは，目標に「様々な集団活動に自主的，実践的に取り組み」
とあるように，自主的，実践的な活動を重視するということである。様々な集団
活動の中で,「思考力，判断力，表現力等」を活用しながら他者と協力して実践す
ることを通して,「知識及び技能」は実感を伴って体得され，活動を通して得られ
たことを生涯にわたって積極的に生かそうとする「学びに向かう力，人間性等」
が育成されていく。特別活動の内容は，各教科等に広く関わるものであるが，こ
うした特徴をもつ特別活動だからこそ目指す資質・能力を育むことが大切であ
る。

このため，今回の改訂では，特別活動全体を通して育成を目指す資質・能力を
第1の目標において示すとともに，各活動・学校行事の特質を踏まえて育成を目
指す資質・能力についての基本的な考え方を，各活動・学校行事の目標の中で明
示したところである。

(2)　学級経営の充実と特別活動

特別活動は,教育課程全体の中で,特別活動の各活動・学校行事において資質・
能力を育む役割だけではなく，全教育活動を通じて行われている学級経営に寄与
することから学習指導要領では次のとおり示されている。

学習指導要領第1章総則の第4の1の（1）「学習や生活の基盤として，教師と
生徒との信頼関係及び生徒相互のよりよい人間関係を育てるため，日頃から学級
経営の充実を図ること。」と示されている。これに対応して，学習指導要領第5章
特別活動の第3の1の（3）「学級活動における生徒の自発的，自治的な活動を中
心として学級経営の充実を図ること。」と示されている。

学級は，生徒にとって，学習や生活など学校生活の基盤となる場である。生徒
は，学校生活の多くの時間を学級で過ごすため，自己と学級の他の成員との個々
の関係や自己と学級集団との関係は，学校生活そのものに大きな影響を与えるこ
ととなる。教師は，個々の生徒が，学級内でよりよい人間関係を築き，学級の生
活に適応し，各教科等の学習や様々な活動の効果を高めたいと考え，学級内での
個別指導や集団指導を工夫していく。学級経営の内容は多岐にわたるが，学級集
団としての質の高まりを目指したり，教師と生徒，生徒相互のよりよい人間関係
を構築しようとしたりすることは，その中心的な内容である。そのため，学級担
任が学校の教育目標や学級の実態を踏まえて作成した学級経営の目標・方針に即
して，必要な諸条件の整備を行い運営・展開されるものである。その点では，生
徒が自発的，自治的によりよい生活や人間関係を築こうとして様々に展開される
特別活動は，結果として生徒が主体的に集団の質を高めたり，よりよい人間関係

を築いたりすることになる。

　学級がよりよい生活集団や学習集団へと向上するためには，教師の意図的・計画的な指導とともに生徒の主体的な取組が不可欠である。学級経営は，特別活動を要として，計画され，特別活動の目標に示された資質・能力を育成することにより，更なる深化が図られることとなる。

　こうしたことを通して，本章第2節の1の(1)で説明したような，学びに向かう集団づくりの基盤となり，各教科等で「主体的・対話的で深い学び」を実現する授業改善を行う上では，こうした基盤があることは欠かせないものである。

(3)　各教科等の学びを実践につなげる特別活動

　特別活動では，各教科等で育成した資質・能力を，集団や自己の課題の解決に向けた実践の中で活用することにより，実生活で活用できるものにする役割を果たすものである。例えば「防災」に関しては，社会科で地域の地形の特徴や過去の自然災害について学び，理科で自然災害につながる自然の事物・現象の働きや規則性などを学んだりしたことを生かしながら，実際の災害に対してどのように身を守ったらよいのか，実際に訓練しながら学ぶ。このように，各教科等で学んだ知識や技能などの資質・能力が，実生活において活用可能なものとなっていく。例えば，食育，安全教育，健康教育など，現代的な教育内容や課題についても，各教科等の特質に応じて育まれた資質・能力を，実践的な集団活動を通して，統合的で汎用的な力に変え，実生活で活用できるようにするということが求められる。

　また，学習指導要領第1章総則の第4の1の(3)では，「生徒が，学ぶことと自己の将来とのつながりを見通しながら，社会的・職業的自立に向けて必要な基盤となる資質・能力を身に付けていくことができるよう，特別活動を要としつつ各教科等の特質に応じて，キャリア教育の充実を図ること。」と新たに特別活動を要とするキャリア教育が示された。中学校におけるキャリア教育は学校教育全体で行うという前提のもと，これからの学びや生き方を見通し，これまでの活動を振り返るなど，教育活動全体の取組をキャリア形成につなげていくための要として，特別活動を位置付けることとなった。こうした視点からも，特別活動を通して，各教科等で学んだことを実生活で活用できるものとしていくことが求められている。

　これらのことは，小学校，中学校，高等学校いずれの段階における特別活動においても重要であるが，中学校においては，義務教育の締めくくりとして，現在の生活についてはもとより，生涯にわたっての生活に生かしていくという態度を養うことが大切である。

(4) 学級や学校の文化を創造する特別活動

各学校における特別活動の取組は，休み時間や放課後，地域などにおける教育課程外の活動や学校独自の活動などが相まった活動として行われている。

生徒は，これらの活動を通して，例えば，学級や学校におけるルールや校則に関わる活動，地域と連携した活動や地域行事等への参画，生徒が相互に関わる集団形成などから学級や学校の創意ある活動から，校風や学級の雰囲気を醸成するなど，学級・学校文化を創造するのである。

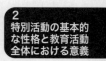

「文化」という言葉は，生活様式・習慣や伝統・芸術など，使用する立場によって多様に使われるが，一般的には「豊かな人間性を涵養し，創造力と感性を育む等，共に生きる社会の基盤を形成するもの」と理解される。

特別活動の取組に照らすなら，特別活動の全ての活動は，学級・学校文化の創造に直接関わる活動と言えるのである。具体的には，各活動・学校行事やそれに関わる放課後や休み時間，地域等での準備等の活動を通して，教師と生徒及び生徒相互の理解や新たな人間関係の構築，自己の再発見，後輩に引き継ぎたい学校固有の伝統や行事などを体験し，そこから自己や学級としての成長や生きる糧を実感するとともに，学校・学級生活の思い出やアイデンティティーを確立するなど，生徒の人間形成に顕在的，潜在的に影響を及ぼす風土が培われ，多くの教育的な効果が期待できるのである。特別活動の充実が学級・学校文化の創造につながるとともに，特色ある学級・学校文化が特別活動の充実にもつながるという関係にあると言える。

さらに，特色ある学級・学校文化の創造は，地域文化の創造とも関わるものである。「社会に開かれた教育課程」の観点から，生徒の主体的な活動を指導する具体的な方策や，自校の実践を地域社会と共有することなどが大切である。

特別活動の指導に当たっては，これらの教育的意義を理解して効果的な指導計画を立てる必要がある。その際，学級・学校文化を自発的，自治的に創造することを通して，協働的な実践的活動を充実させることが極めて重要である。例えば，長い伝統を有する学校において受け継がれている伝統や校風は教育上の財産と言えるものであるが，それらを継承すること自体が目的ではなく，それらを通して生徒にどのような資質・能力を育みたいのかという本質を大事にして，生徒が発展的に新しいものを生み出していくことができるようにすることが大切である。

● 3　特別活動の内容相互の関連

学習指導要領第5章の第3の1の（2）では，次のとおり示している。

> (2) 各学校においては特別活動の全体計画や各活動及び学校行事の年間指導
> 　　計画を作成すること。その際，学校の創意工夫を生かし，学級や学校，地
> 　　域の実態，生徒の発達の段階などを考慮するとともに，第2に示す内容相
> 　　互及び各教科，道徳科，総合的な学習の時間などの指導との関連を図り，
> 　　生徒による自主的，実践的な活動が助長されるようにすること。また，家
> 　　庭や地域の人々との連携，社会教育施設等の活用などを工夫すること。

　学級活動，生徒会活動は，主に生徒による自発的，自治的な活動を効果的に展開する実践活動である。したがって，これらの活動における一貫した指導によって身に付けた資質・能力が相互に生かされ，学級や学校の生活づくりに参画する態度や自治的能力がより一層身に付くことになる。

　また，特別活動における三つの内容は，集団の単位，活動の形態や方法，時間の設定などにおいて異なる特質をもっており，それぞれが固有の意義をもつものである。しかし，これらは，最終的に特別活動の目標を目指して行われ，相互に関連し合っていることを理解し，生徒の資質・能力を育成する活動を効果的に展開できるようにすることが大切である。

　学級活動は，生徒の学校における基礎的な生活単位とも言うべき学級集団を基盤として行われる活動であり，学校生活の全般に関わる事柄を扱うため，特別活動の各活動・学校行事の中心となる教育活動である。特に，内容「(1) 学級や学校における生活づくりへの参画」は，自治的な能力を育成する要として，生徒会活動や学校行事への参加や協力及び活動の仕方をはじめ，それらの活動の過程で生じる様々な問題への対処の仕方なども，基本的には学級活動で取り上げることになる。このことを通して学級や学校の形成者としての自覚を深め，社会性を培い，個性を伸長するとともに，よりよい人間関係の構築や学級・学校文化の創造につながるものである。また，学級活動の指導において，生徒の自主的な実践活動の積み重ねにより身に付いた資質・能力が，生徒会活動，学校行事においても発揮される。一方，生徒会活動や学校行事で育まれた自主的，実践的な態度や自分への自信が学級活動で発揮されるなど，往還の関連があると言える。

　生徒会活動は，生徒の自発的，自治的な集団活動を継続的に展開するという特質をもっている。生徒会活動や学級活動の内容 (1) は，主に生徒による自発的，自治的な活動を効果的に展開する実践活動である。したがって，これらの活動における一貫した指導によって身に付けた態度が相互に生かされ，学級や学校の生活づくりに参画する態度や自治的能力がより一層身に付くことになる。また，生徒会活動の内容 (2) は，学校行事への協力であり，相互の関連を図った指導が求

められる。

　学校行事は，年間を通して，学校生活に折り目や変化を与えるとともに，生徒会活動の成果を発表する機会としての意義も多分にもっている。しかも，この成果の発表の機会を得ることは，次の活動への意欲付けになり，継続的な活動をより発展させることにも役立つことになるなど，生徒会活動と学校行事も相互に関連し合うという面をもっている。

　このように学級活動と生徒会活動，学校行事とが，相互の関連の下に円滑な運営が進められるようにするためには，計画の段階や活動の場面での教師の適切な指導が必要になるとともに，計画的，継続的な指導の場や時間が必要になる。この役割を果たすのが主に学級活動の時間であると考えられる。したがって，学級活動における適切な指導の在り方は，生徒会活動や学校行事の充実の基盤であり，この三つの内容相互の密接な関連を図ることによって，特別活動の全体が充実し，その目標を達成していくこともできるのである。そのためには，3学年間を見通した学校としての特別活動の全体計画，相互の関連を図った各活動・学校行事ごとの年間指導計画を立てていくことが極めて重要である。

● 4　特別活動と各教科，道徳科及び総合的な学習の時間などとの関連

　学習指導要領第5章の第3の1の（2）で，次のとおり示している。

> （2）各学校においては特別活動の全体計画や各活動及び学校行事の年間指導計画を作成すること。その際，学校の創意工夫を生かし，学級や学校，地域の実態，生徒の発達の段階などを考慮するとともに，第2に示す内容相互及び各教科，道徳科，総合的な学習の時間などの指導との関連を図り，生徒による自主的，実践的な活動が助長されるようにすること。また，家庭や地域の人々との連携，社会教育施設等の活用などを工夫すること。

　中学校の教育課程は，各教科，道徳科，総合的な学習の時間及び特別活動によって編成されており，それぞれが固有の目標やねらいをもつ教育活動である。そして，それぞれの教育活動が直接的，あるいは間接的に様々な関連をもち，相互に関連し補充し合いながら，それぞれのねらいを達成することにより，全体として各教科等の枠を超えたつながりの中で，中学校教育の目的や目標を達成することができる。

(1)　各教科との関連

　特別活動は，実践的な活動として，様々な集団活動において，自己や集団の生活上の課題の解決に取り組むものである。このため，各教科等で獲得した資質・能力などが，集団活動の場で総合的に生かされなければならない。逆に，各教科等で育成された資質・能力は，特別活動において，実生活上の課題解決に活用されることによって，思考力，判断力，表現力は鍛えられ，知識や技能は実感を伴って体得したり，各教科等を学ぶ意義の理解が深まったりするなど，より確かなものとなっていく。

　各教科等で「主体的・対話的で深い学び」の実現に向けた授業改善を行うためには，生徒は失敗を恐れずに行動することができたり，他の生徒と互いの考えを伝え合ったり協力し合ったりすることができるような，学級における生徒同士の人間関係や，教師と生徒の信頼関係があることが重要になる。これまで述べてきたように，特別活動は学級経営の充実に資するものであり，特別活動の充実により各教科等の「主体的・対話的で深い学び」が支えられるという関係にもある。逆に，各教科等における主体的な学習や対話的な学習を通して，生徒同士の信頼関係が深まり，それによって特別活動がより充実することが考えられる。

　このように，生徒一人一人の資質・能力の育成という視点だけでなく，学びに向かう主体的で協働的な集団づくりという視点からも，各教科等の学習と，特別活動は，互いに支え合い，高め合う関係にあるといえる。

　特別活動の目標を達成し，ひいては各学校の教育目標をよりよく実現するために，他の教育活動との関連を十分に図って特別活動の全体計画や各活動・学校行事の年間指導計画を作成して，指導することが大切である。

　特別活動における集団活動は，多様な意見を話し合って合意形成したり，体験したことや調べたことをまとめたり発表し合ったりする活動が多く展開されることから，言語力の育成や活用の場として重要な役割を果たしている。例えば，国語科との関連においては，国語科で身に付けた「話すこと・聞くことの能力」が特別活動においてよりよい生活や人間関係を築いたり，合意形成するための話合い活動に実践的に働いたりすることになる。また，特別活動で養われることになるよりよい生活を築くために話し合ったり，意見をまとめたり，発表し合ったりするための資質・能力が，国語科における「話すこと・聞くことの能力」「書くことの能力」を養うための学習においても生かされることになる。

　また，学級活動や生徒会活動などで行われる調査・統計の結果を効果的にまとめたり，説明したりするなどの基礎となる能力は，社会科，数学科，理科などで培われるものである。

　学校行事においては，健康安全・体育的行事（体育祭など）と保健体育科，文

化的行事（文化祭，音楽鑑賞会など）と音楽科や美術科などとの関係のように，各教科等の学習と深い関わりをもつものが多い。逆に，様々な行事の経験が各教科等の学習に生きるなど，学校行事と各教科等は深い関わりをもっている。

　ここに例示したものに限らず，特別活動で育成することを目指す資質・能力や内容は，各教科等の学習と深い関わりをもっている。第4章で説明するように，特別活動の全体計画等を作成するに当たっては，こうした各教科等との関連について十分考慮することが必要である。

(2) 道徳科との関連

　学習指導要領第5章の第3の1の（5）で，次のとおり示している。

（5）第1章総則の第1の2の（2）に示す道徳教育の目標に基づき，道徳科などとの関連を考慮しながら，第3章特別の教科道徳の第2に示す内容について，特別活動の特質に応じて適切な指導をすること。

ア　道徳教育と特別活動

　特別活動における道徳教育の指導においては，学習活動や学習態度への配慮，教師の態度や行動による感化とともに，以下に示すような特別活動の目標と道徳教育との関連を明確に意識しながら，適切な指導を行う必要がある。

　特別活動における学級や学校生活における集団活動や体験的な活動は，日常生活における道徳的な実践の指導を行う重要な機会と場であり，特別活動が道徳教育に果たす役割は大きい。特別活動の目標には，「集団活動に自主的，実践的に取り組み」「互いのよさや可能性を発揮」「集団や自己の生活上の課題を解決」など，道徳教育でもねらいとする内容が含まれている。また，育成を目指す資質・能力には，「多様な他者との協働」「人間関係」「人間としての生き方」「自己実現」など，道徳教育がねらいとする内容と共通している面が多く含まれており，道徳教育において果たすべき役割は極めて大きい。

　具体的には，例えば，自他の個性や立場を尊重しようとする態度，義務を果たそうとする態度，よりよい人間関係を深めようとする態度，社会に貢献しようとする態度，自分たちで約束をつくって守ろうとする態度，より高い目標を設定し諸問題を解決しようとする態度，自己のよさや可能性を大切にして集団活動を行おうとする態度などは，集団活動を通して身に付けたい道徳性である。

　学級活動においては，内容（1）の「学級や学校における生活づくりへの参画」は，学級や学校の生活上の諸課題を見いだし，これを自主的に取り上げ，協力して課題解決していく自発的，自治的な活動である。このような生徒によ

る自発的，自治的な活動によって，よりよい人間関係の形成や生活づくりに参画する態度などに関わる道徳性を身に付けることができる。

また，学級活動の内容（2）の「日常の生活や学習への適応と自己の成長及び健康安全」では，自他の個性の理解と尊重，よりよい人間関係の形成，男女相互の理解と協力，思春期の不安や悩みの解決，性的な発達への対応，心身ともに健康で安全な生活態度や習慣の形成，食育の観点を踏まえた学校給食と望ましい食習慣の形成を示している。さらに内容（3）の「一人一人のキャリア形成と自己実現」では，社会生活，職業生活との接続を踏まえた主体的な学習態度の形成と学校図書館等の活用，社会参画意識の醸成や勤労観・職業観の形成を示している。これらのことについて，自らの生活を振り返り，自己の目標を定め，粘り強く取り組み，よりよい生活態度を身に付けようとすることは，道徳性の育成に密接な関わりをもっている。

生徒会活動においては，全校の生徒が学校におけるよりよい生活を築くために，問題を見いだし，これを自主的に取り上げ，協力して課題解決していく自発的，自治的な活動を通して，異年齢によるよりよい人間関係の形成やよりよい学校生活づくりに参画する態度などに関わる道徳性を身に付けることができる。

学校行事においては，特に，職場体験活動やボランティア精神を養う活動や自然の中での集団宿泊体験，幼児生徒，高齢者や障害のある人々などとの触れ合いや文化や芸術に親しむ体験を通して，よりよい人間関係の形成，自律的態度，心身の健康，協力，責任，公徳心，勤労，社会奉仕などに関わる道徳性の育成を図ることができる。

イ　道徳科と特別活動

特別活動は，道徳科の授業で学んだ道徳的価値の理解や人間としての生き方についての考えをよりよい学級や学校の生活や人間関係を築こうとする実践的な活動の中で実際に言動に表すとともに，集団の形成者としてのよりよい生き方についての考えを深めたり，身に付けたりする場や機会でもある。そして，生徒が特別活動における様々な活動において経験した道徳的行為や道徳的な実践について道徳科でそれらについて取り上げ，学級全体でその道徳的意義について考えられるようにし，道徳的価値として自覚できるようにしていくこともできる。さらに，道徳科の授業での指導が特別活動における具体的な活動場面の中に生かされ，具体的な実践や体験などが行われることによって，道徳的な実践との有機的な関連を図る指導が効果的に行われることにもなる。

特に，道徳科の目標にある「人間としての生き方についての考えを深める学習」との関連を図り，特別活動の実践的な取組を通して，「人間としての生き方についての考えを深め，自己実現を図ろうとする態度」を養う必要がある。そ

れぞれの指導方法などの違いを十分に理解した上で，日常生活における道徳的な実践の指導の充実を図る必要がある。特別活動における「人間としての生き方についての考えを深める」とは，実際に生徒が実践的な活動や体験的な活動を通し，現在及び将来にわたって希望や目標をもって生きることや，多様な他者と共生しながら生きていくことなどについての考えを深め，集団の形成者としての認識をもてるようにすることである。教材を活用して，道徳的諸価値の理解及びそれに基づいた人間としての生き方についての考えを深める道徳科の授業とは区別して指導する必要がある。

　どちらも，学級の中での話合いを行うことが重要な学習の過程となるが，その目指すところは本質的な違いがある。例えば，「よりよい人間関係」について，学級活動において話し合う場合には，学級における人間関係に係る現実の問題をどのように解決するかを話し合い，集団として取り組むべき解決策を合意形成したり，自分が行うことを意思決定したりすることが目的である。他方，道徳科において「よりよい人間関係」について話し合うということは，なぜ人間関係をよりよく構築することが大切なのか，人間関係をよりよくすることが大事だと分かっていてもできないのはなぜなのか，といったことを問いながら道徳的価値の理解や自分自身の生き方についての考えを深めていくことが目的である。前者は道徳的な実践そのものを行うこと，後者は道徳的な実践を行うために必要な道徳性を養うことを目的としている。

　こうしたことから，特別活動と道徳科の授業は，両方の特質を生かした上で関連付けることで，学習効果を高めることができるが，特質を踏まえない安易な関連付けは，逆に双方の学習効果を低くすることになりかねない。両者の特質をしっかり理解した上で，それぞれの特質を生かして関連付けることが必要である。

　具体的には，例えば，勤労生産・奉仕的行事において職場体験活動に取り組んだり，自治的な活動において役割を分担し，協力して実践したりすることにより，共に助け合って生きることの喜びや，勤労の貴さや意義についての考えを深めることができ，こうした認識に基づいて実際に行動や態度に表すことができるよう指導することなどが考えられる。

　これらは，特別活動において道徳性の育成に関わる体験を積極的に取り入れ，活動そのものを充実させることによって道徳性の育成を図ろうとするものである。そして，このような体験的な活動における道徳的価値の大切さを自覚し，人間としての生き方についての理解を深めるという視点から実践や体験的な活動を考えることができるように道徳科の指導を工夫し，連携を図っていく必要がある。

(3) 総合的な学習の時間との関連

　特別活動と総合的な学習の時間との関連を考えるに当たっては，まず，それぞれの目標や内容を正しく理解しておく必要がある。

　両者とも，各教科等で身に付けた資質・能力を総合的に活用・発揮しながら，生徒が自ら現実の課題の解決に取り組むことを基本原理としている点に，共通性が見られる。体験的な学習を重視すること，協働的な学習を重視することも同様である。自己の生き方についての考えを深める点においても通じるところがある。

　両者の目標を比べると，特別活動は「実践」に，総合的な学習の時間は「探究」に本質があると言うことができる。特別活動における「実践」は，話し合って決めたことを「実践」したり，学んだことを学校という一つの社会の中で，あるいは家庭を含めた日常の生活の中で，現実の課題の解決に生かしたりするものである。総合的な学習の時間における「探究」は，物事の本質を探って見極めようとしていくことである。

　特別活動の特質である「実践的に取り組む」とは，実生活に生かし，学びが実生活の中で生きることを体得するという意味をもっており，他の教科等で学んだことやそれらを横断的・総合的に捉えたことを実生活の中で生かすことができるかという実践の場としての役割を重視している。したがって，学んだことを現在及び将来の生活改善や集団づくりに実際に生かすことができるかを意図した指導が重要である。

　特別活動における「解決」は，実生活における，現実の問題そのものを改善することである。総合的な学習の時間における「解決」は，一つの疑問が解決されることにより，更に新たな問いが生まれ，物事の本質に向けて問い続けていくものである。その学習の過程においては重なり合う面もあるが，目指しているものそのものが本質的に異なるのである。

　以上のような点を踏まえ，両者のそれぞれの目標や内容に沿った指導を行うことを前提とした上で，両者の関連を図った指導を行うことも効果的である。例えば，総合的な学習の時間で学んだ環境に関する内容が，特別活動における実際の学級や学校の生活に生かされ，そこで体得したことが次の探究的な学習の問いにつながるなどの両者の特質を生かし合った関連が考えられる。

　とりわけ特別活動における学校行事については，その趣旨と総合的な学習の時間の趣旨を相互に生かし，両者の活動を関連させることにより，結果として活動の成果が大きくなるようにすることが大切である。

　総合的な学習の時間において計画した学習活動が，学習指導要領に示した特別活動の目標や内容と同等の効果が得られる場合も考えられる。このため，学習指導要領第1章総則の第2の3の（2）のエにおいて，このような場合について，総

合的な学習の時間の実施によって，特別活動の学校行事の実施に替えることができることとする規定を設けている。

具体的には，総合的な学習の時間において，問題の解決や探究活動といった総合的な学習の時間の趣旨を踏まえ，例えば，次に示すような自然体験活動やボランティア活動を行う場合において，これらの活動は集団活動の形態をとる場合が多く，よりよい人間関係の形成や公共の精神の育成など，特別活動の趣旨も踏まえた活動とすることが考えられる。

○　総合的な学習の時間に行われる自然体験活動は，環境や自然を課題とした問題の解決や探究活動として行われると同時に，「平素と異なる生活環境にあって，見聞を広め，自然や文化などに親しむとともに，よりよい人間関係を築くなどの集団生活の在り方や公衆道徳などについての体験を積むことができるようにする」旅行・集団宿泊的行事と同様の成果も期待できると考えられるような場合

○　総合的な学習の時間に行われる職場体験活動やボランティア活動は，社会との関わりを考える学習活動として行われると同時に，「勤労の尊さや生産の喜びを体得し，職場体験活動などの勤労観・職業観に関わる啓発的な体験が得られるようにするとともに，共に助け合って生きることの喜びを体得し，ボランティア活動などの社会奉仕の精神を養う体験が得られるようにする」勤労生産・奉仕的行事と，それぞれ同様の成果も期待できると考えられる場合

その際，学校行事は，目標と五つの種類の学校行事を教育課程の基準として示している集団活動であること，学年や学校を単位とする，学校生活に秩序と変化を与えることを目指す教育活動であること，学校集団や学校生活への所属感を深め，よりよい人間関係の形成や公共の精神などを養う教育活動であることを正しく理解しておく必要がある。

(4)　生徒指導等との関連

学習指導要領第5章の第3の1の（3）において，次のとおり示している。

---

(3) 学級活動における生徒の自発的，自治的な活動を中心として，各活動と学校行事を相互に関連付けながら，個々の生徒についての理解を深め，教師と生徒，生徒相互の信頼関係を育み，学級経営の充実を図ること。その際，特に，いじめの未然防止等を含めた生徒指導との関連を図るようにすること。

また，学習指導要領第1章の総則第4の1の（2）においても，「生徒が，自己の存在感を実感しながら，よりよい人間関係を形成し，有意義で充実した学校生活を送る中で，現在及び将来における自己実現を図っていくことができるよう，生徒理解を深め，学習指導と関連付けながら，生徒指導の充実を図ること。」と示している。

生徒指導は，一人一人の児童生徒の人格を尊重し，個性の伸長を図りながら，社会的資質や行動力を高めることを目指して行われる教育活動のことである。このことは，「個性の伸長」や「社会的な資質・能力の育成」の役割を担ってきた特別活動で大切にされ，深い関わりを指摘されてきたところである。

特別活動の指導は，個々の生徒や集団での生活や活動の場面において，生徒の自主性や自発性を尊重しながら展開されるものであり，生徒の積極的な活動が展開されていくためには，深い生徒理解と相互の信頼関係を前提とした生徒指導の充実が不可欠である。また，生徒指導のねらいである自己指導能力や自己実現のための態度や能力の育成は，特別活動の目標と重なる部分も多くある。

特別活動と生徒指導との関わり方として，次の三点を挙げることができる。

ア　所属する集団を，自分たちの力によって円滑に運営することを学ぶ

イ　集団生活の中でよりよい人間関係を築き，それぞれが個性や自己の能力を生かし，互いの人格を尊重し合って生きることの大切さを学ぶ

ウ　集団としての連帯意識を高め，集団（社会）の形成者としてのよりよい態度や行動の在り方を学ぶ

これらの内容は，学級活動と深い関わりがある。特に，学級活動の内容「(2)日常の生活や学習への適応と自己の成長及び健康安全」と，内容「(3)一人一人のキャリア形成と自己実現」においては，個々の生徒の自己指導能力の育成を目指して，地域や学校，生徒の実態に応じて，学級活動の時間に計画的に指導することになる。

生徒指導の推進に当たっては，生徒が規範意識を高め，集団や社会の形成者としての自覚と責任感をもって自律的に行動できるよう，学校として計画的・組織的に指導することが必要である。特別活動における生徒指導という視点で見ると，特別活動の特質である集団指導の場面での在り方，特に学級活動における指導が重要になってくる。

生徒指導は，学業指導，適応指導，進路指導，社会性指導，道徳性指導，保健指導，安全指導，余暇指導などの部面に分けて考え，計画されることがある。いずれの部面も，特別活動の全体，なかでも学級活動の活動内容と密接な関連をもっており，このことからも学級活動の時間は，生徒指導が中心的に行われる場と言

えるのである。

　なお，特別活動と生徒指導との関連については，本解説第4章第1節の3「学級経営の充実と生徒指導との関連」や，第4章第2節の3「ガイダンスとカウンセリングの趣旨を踏まえた指導を図る」も含めた総合的な理解が求められる。

第3章　各活動・学校行事の目標と内容

第1節　学級活動

●1　学級活動の目標

学習指導要領第5章の第2の〔学級活動〕の1「目標」で，次のとおり示している。

> 学級や学校での生活をよりよくするための課題を見いだし，解決するために話し合い，合意形成し，役割を分担して協力して実践したり，学級での話合いを生かして自己の課題の解決及び将来の生き方を描くために意思決定して，実践したりすることに自主的，実践的に取り組むことを通して，第1の目標に掲げる資質・能力を育成することを目指す。

学級活動は，共に生活や学習に取り組む同年齢の生徒で構成される集団である「学級」において行われる活動である。学級生活の充実と向上に向けて，生活上の問題を見付け，その解決のために話し合い，合意形成したことに協働して実践したり，個々の生徒が当面する諸課題などについて自己を深く見つめ，意思決定をして実践したりすることに自主的，実践的に取り組む活動により，現在及び将来の自己と集団との関わりを理解し，健全な生活や社会づくりの実践力を高めるものである。

「学級や学校での生活をよりよくするための課題を見いだし，解決するために話し合い，合意形成し，役割を分担して協力して実践」するとは，学級活動の内容「(1) 学級や学校における生活づくりへの参画」における一連の活動を示している。「学級や学校での生活をよりよくするための課題」とは，学級や学校での生活上の諸問題を生徒が自ら発見し，全員で解決すべき課題を示している。「解決するために話し合い，合意形成し，役割を分担して協力して実践」するとは，生徒が見いだした課題について，一人一人の思いや願いを意見として出し合い，互いの意見の違いや多様な考えがあることを大切にしながら，学級としての考えや取り組むことについて合意を形成して決定することを示している。また，合意形成したことについて，必要な役割や仕事を決めたり，それらを全員で分担したりするとともに，協力してやり遂げることを示している。

「学級での話合いを生かして自己の課題の解決及び将来の生き方を描くために

意思決定して，実践したりする」とは，学級活動の内容「(2) 日常の生活や学習への適応と自己の成長及び安全」及び内容「(3) 一人一人のキャリア形成と自己実現」における一連の活動である。教師があらかじめ学校として作成した年間指導計画に即し，学級として取り上げる題材を設定して話し合うことを効果的に生かすことを示したものである。ここでの「自己の課題」は，生徒一人一人が，自らの学習や生活の目標を決めて，その実現に向けて取り組めるものでなければならない。「学級での話合いを生かして」「意思決定」することとは，教師の適切な指導のもとで，例えば，学級の生徒に共通する課題が何かをつかむこと，一人一人の課題の原因や解決しなければならない理由や背景などを探ること，多様な視点から解決方法を考えて見付けること，話合いを生かして自己の具体的な実践課題を意思決定し，粘り強く努力することなどがある。

なお，「自己の課題の解決」とは，学級活動の内容「(2) 日常の生活や学習への適応と自己の成長及び健康安全」の取り上げる題材の特質を示したものであり，「将来の生き方を描くため」については，内容「(3) 一人一人のキャリア形成と自己実現」で取り上げる題材の特質を示したものである。

第1の目標に掲げる資質・能力を育成するために，学級活動においては，例えば次のとおり資質・能力を育成することが考えられる。

○　学級における集団活動や自律的な生活を送ることの意義を理解し，そのために必要となることを理解し身に付けるようにする。

○　学級や自己の生活，人間関係をよりよくするための課題を見いだし，解決するために話し合い，合意形成を図ったり，意思決定したりすることができるようにする。

○　学級における集団活動を通して身に付けたことを生かして，人間関係をよりよく形成し，他者と協働して集団や自己の課題を解決するとともに，将来の生き方を描き，その実現に向けて，日常生活の向上を図ろうとする態度を養う。

学級活動において育成を目指す資質・能力は，「問題の発見・確認」，「解決方法等の話合い」，「解決方法の決定」，「決めたことの実践」，「振り返り」といった学習過程の中で育まれる。こうした学習過程において，生徒が自発的，自治的な学級や学校の生活づくりを実感できるような一連の活動を意識して指導に当たる必要がある。

学級活動の内容「(1) 学級や学校における生活づくりへの参画」と「(2) 日常の生活や学習への適応と自己の成長及び健康安全」，「(3) 一人一人のキャリア形成と自己実現」には以下のような特質があることを踏まえた学習過程とする必要

がある。

「(1) 学級や学校における生活づくりへの参画」における「問題の発見・確認」とは、学級や学校での生活をよりよくするため、学級や学校での生活上の問題から、学級の生徒が共通して取り組むべき課題を見いだすことを示している。その際、教師の適切な指導の下に生徒によって提案される話合いの内容を一般的に「議題」と称する。課題の具体的な例としては、集団生活の進め方に関わる諸問題への対応、生徒会活動や学校行事への参加や協力の在り方などが挙げられる。「解決方法等の話合い」、「解決方法の決定」とは、議題についての提案理由を基に、一人一人の思いや願いを大切にしながら意見を出し合い、分類したり、比べ合ったりして、学級としての考えをまとめて決める「合意形成」までの過程である。「決めたことの実践」とは、生徒が合意形成に基づいて協働して取り組むとともに、一連の活動を振り返り、次の課題解決へとつなげていく「振り返り」につなげていくものである。こうした学級活動(1)の学習過程は、例えば次のように表すことができる。

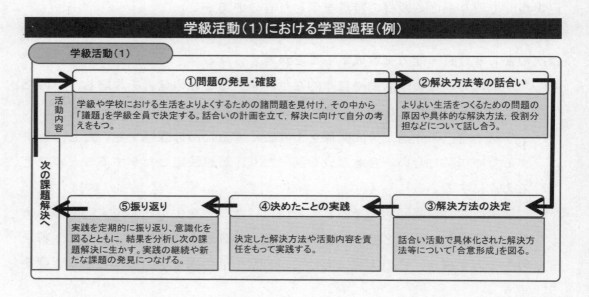

中学校において、「合意形成」を図る活動については、以下の点に留意する必要がある。

一つは、課題に対して、一人一人が自分なりの意見や意思をもった上で、合意形成に向けた話合いに臨むようにすることである。中学生の時期には、一般的に、他人の目が気になったり、自分の意見を主張することを躊躇ったりしがちである。考えの違いから摩擦が起きることを避けようと当たり障りのない発言をしたり、どうせ何も変わらないという意識をもっていたりもする。このように、自分なりの意見や意思を形成しようとすること自体に消極的になるということもある。このため、学級や学校の生活をよりよくする課題を自分事として捉え、解決に向け

て自分の意思をもつことができるような活動の過程にする必要がある。

　もう一つは，合意形成に基づき実践するに当たって，自分自身に何ができるか，何を行うべきかということを主体的に考えて，意思をもつことである。合意形成を図る過程においては，それぞれの意見を主張しながらも，決まったことに対しては，協力しながら責任を持って自分の役割を果たしていくことが大切であるが，単に「決まったことだから，やるしかない」という受動的な姿勢ではなく，合意形成に基づき，集団の形成者として，自分の個性を生かして何ができるかを主体的に考えて意思をもって取り組むことができるようにする必要がある。

　この二つの視点はそれぞれつながっている。学級や学校の課題を自分事として捉え，自分なりの意思をもって合意形成に臨んでこそ，合意形成したことに対して主体的に取り組もうという意欲をもつことにつながる。逆に，学級や学校の課題を自分事として捉えるということは，自分は，学級や学校の生活をよりよくするために何ができるかということを考え，意思をもって実践することでもある。

　こうした点を大事にした活動の過程となるよう教師が計画的に指導することがあってこそ，合意形成を図る活動が，自主的・実践的なものになり得ると言える。

　学級活動の内容「(2) 日常の生活や学習への適応と自己の成長及び健康安全」，内容「(3) 一人一人のキャリア形成と自己実現」においては，(2) は現在及び将来における生活上の課題，(3) は現在及び将来を見通した学習や生き方に関する課題という違いがあるが，問題の発見・確認，解決方法等の話合い，解決方法の決定，決めたことの実践，振り返りという基本的な学習過程は同じである。なお，教師がこれらの活動で取り上げたいことをあらかじめ年間指導計画に即して設定したものを「題材」と称す。ここで言う「問題の発見・確認」とは，「題材」に基づいた資料やアンケート結果から生徒一人一人が日常生活や将来に向けた自己の生き方，進路等の問題を確認し，取り組むべき課題を見いだして，解決の見通しをもつことを示している。「題材」の具体的な例としては，地域防災や食生活と健康，将来の目標と自分の生き方などが挙げられる。「解決方法等の話合い」，「解決方法の決定」では，話合いを通して，相手の意見を聞いて，自分の考えを広げたり，課題について多面的・多角的に考えたりして自分に合った解決方法を自分で決める「意思決定」までの過程を示している。「決めたことの実践」，「振り返り」については，意思決定しただけで終わることなく，決めたことについて粘り強く実践したり，一連の活動を振り返って成果や課題を確認したり，更なる課題の解決に取り組もうとする意欲を高めることが重要であることも意図して示したものである。

　学級活動 (2)，(3) の学習過程は，例えば次のように示すことができる。

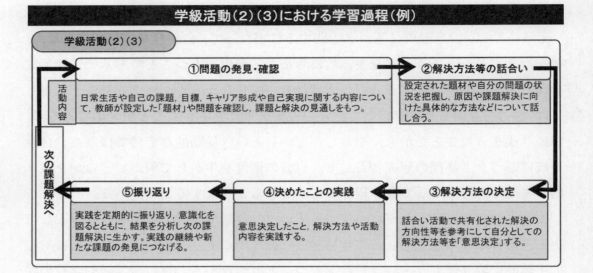

2 学級活動の内容

　学習指導要領第5章の第2の〔学級活動〕の2「内容」で，次のとおり示している。

　　1の資質・能力を育成するため，全ての学年において，次の各活動を通して，それぞれの活動の意義及び活動を行う上で必要となることについて理解し，主体的に考えて実践できるよう指導する。
(1) 学級や学校における生活づくりへの参画
　ア　学級や学校における生活上の諸問題の解決
　　　学級や学校における生活をよりよくするための課題を見いだし，解決するために話し合い，合意形成を図り，実践すること。
　イ　学級内の組織づくりや役割の自覚
　　　学級生活の充実や向上のため，生徒が主体的に組織をつくり，役割を自覚しながら仕事を分担して，協力し合い実践すること。
　ウ　学校における多様な集団の生活の向上
　　　生徒会など学級の枠を超えた多様な集団における活動や学校行事を通して学校生活の向上を図るため，学級としての提案や取組を話し合って決めること。
(2) 日常の生活や学習への適応と自己の成長及び健康安全
　ア　自他の個性の理解と尊重，よりよい人間関係の形成
　　　自他の個性を理解して尊重し，互いのよさや可能性を発揮しながらよりよい集団生活をつくること。

イ　男女相互の理解と協力

　　男女相互について理解するとともに，共に協力し尊重し合い，充実した生活づくりに参画すること。

ウ　思春期の不安や悩みの解決，性的な発達への対応

　　心や体に関する正しい理解を基に，適切な行動をとり，悩みや不安に向き合い乗り越えようとすること。

エ　心身ともに健康で安全な生活態度や習慣の形成

　　節度ある生活を送るなど現在及び生涯にわたって心身の健康を保持増進することや，事件や事故，災害等から身を守り安全に行動すること。

オ　食育の観点を踏まえた学校給食と望ましい食習慣の形成

　　給食の時間を中心としながら，成長や健康管理を意識するなど，望ましい食習慣の形成を図るとともに，食事を通して人間関係をよりよくすること。

(3)　一人一人のキャリア形成と自己実現

ア　社会生活，職業生活との接続を踏まえた主体的な学習態度の形成と学校図書館等の活用

　　現在及び将来の学習と自己実現とのつながりを考えたり，自主的に学習する場としての学校図書館等を活用したりしながら，学ぶことと働くことの意義を意識して学習の見通しを立て，振り返ること。

イ　社会参画意識の醸成や勤労観・職業観の形成

　　社会の一員としての自覚や責任をもち，社会生活を営む上で必要なマナーやルール，働くことや社会に貢献することについて考えて行動すること。

ウ　主体的な進路の選択と将来設計

　　目標をもって，生き方や進路に関する適切な情報を収集・整理し，自己の個性や興味・関心と照らして考えること。

　中学校の学級活動は，それぞれの特質に応じて (1)，(2)，(3) の活動内容に分類される。ここに示したそれぞれの活動内容においては，いずれの学年においても取り扱うものである。

(1)　学級や学校における生活づくりへの参画

　この内容は，主として自発的，自治的な集団活動の計画や運営に関わるものであり，教師の適切な指導の下での，学級としての議題選定や話合い，合意形成とそれに基づく実践を重視した活動である。また，日々の学級経営の充実と深く関

わる活動である。

学級活動 (1) においては，例えば次のとおり資質・能力を育成することが考えられる。

○ 学級や学校の生活上の諸問題を話し合って解決することや他者と協働して取り組むことの大切さを理解し，合意形成の手順や活動の方法を身に付けるようにする。

○ 学級や学校の生活をよりよくするための課題を見いだし，解決するために話し合い，多様な意見を生かして合意形成を図り，協働して実践することができるようにする。

○ 生活上の諸問題の解決や，協働し実践する活動を通して身に付けたことを生かし，学級や学校における人間関係をよりよく形成し，他者と協働しながら日常生活の向上を図ろうとする態度を養う。

ここで取り上げる課題は，学級の生徒全員が協働して取り組まなければ解決できないものでなければならない。例えば入学や進級時の新しい学校生活に慣れることや様々な集団活動に参画して人間関係を築くことなどがある。入学から卒業までの間に，学校生活への適応も含めて解決しなければならない様々な課題に取り組むとともに，学級や学校における生活をつくり上げていく。

このように学級活動においては，学級の形成者である生徒全員に共通する課題を取り上げ，自主的，実践的な活動を通して学級や学校生活づくりを図ることが求められる。

指導に当たっては，安定した学習環境において自分らしさを発揮して活動し，自らの生き方や将来に対する夢を膨らませ目的意識を明確にすることのできる，心の居場所となるような学級づくりが大切である。

また，生徒それぞれが学級の形成者として，学級生活の充実・向上に主体的に取り組むとともに，その活動を基盤にして生徒会活動や学校生活全般の充実・向上を図ることが大切である。以下の三つの内容項目では，その内容の特質から，主に生徒の自発的，自治的な活動を支える資質・能力の育成を重視した活動が望まれる。

特に，中学校入学当初においては，個々の生徒が，小学校の学校生活との違いを乗り越え，新しい学校生活に適応できるよう十分に配慮することが必要である。

学級活動 (1) に関する内容には，次のようなものがある。

ア　学級や学校における生活上の諸問題の解決

学級や学校における生活をよりよくするための課題を見いだし，解決するために話し合い，合意形成を図り，実践すること。

　この内容は，学級や学校での生活の充実・向上を図るために，そこで生じる人間関係や生活上の様々な問題について，生徒一人一人が自覚と責任感に基づき，協力して自主的，実践的に解決していこうとするものである。学級や学校での生活をよりよくするための課題を生徒が見いだし，話し合い，合意形成を図り実践し，振り返ることまでが主な内容となる。

　ここで育成を目指す資質・能力としては，例えば，生活上の課題を見いだし，互いの意見や考えを認め合いながら話し合い，合意形成することができるようにすること，合意形成したことに基づき，多様な他者と協力しながら人間関係や日常生活の改善を図ろうとすることができるようにすることなどが考えられる。また，そうした過程を通じて，多様な他者とよりよい人間関係を形成し，協働して日常生活の向上を図ろうとする態度を育てることも考えられる。

　この内容は，特別活動における自発的，自治的な活動の中心となる内容である。特に，学級や学校における生活上の諸問題について生徒一人一人が学級や学校の形成者としての自覚と責任感に基づき，話合いによって，協力して解決することができるようにすることが，生徒会活動において自発的，自治的な活動を行っていく上でも基盤となる。学級や学校における生活をよりよくするための課題としては，学級内の課題だけではなく，学校の課題についても，他者と協力し，自分事として主体的にその解決に関わろうとしたり，生徒会活動や学校行事にも積極的に関わろうとしたりすることが大切である。また，そうした過程の中で，小学校での話合い活動の経験を十分に生かせるようにすることが大切である。

　学級や学校における生活をよりよくするための課題としては，例えば入学や進級の際のオリエンテーション，学級における生活を見直す活動，いじめの未然防止や暴力のない学級づくりなどが考えられる。生徒一人一人が学級や学校における生活の課題を見いだし，互いの意見を認め合いながら，工夫して諸問題の解決に当たるよう取り組むことが必要である。

　なお，集団生活では様々な問題の発生が予想されるが，それらの問題全てが学級における合意形成に適しているわけではない。このため，学級における問題の内容や性格によっては，教師による個別の指導により解決を図るべきものもあることに留意することが必要である。生徒の自発的，自治的な活動とするためには，学校として生徒に任せることができない条件を明確にして指導することが大切で

ある。それには，例えば，個人情報やプライバシーの問題，相手を傷付けるような結果が予想される問題，教育課程の変更に関わる問題，校内のきまりや施設・設備の利用の変更などに関わる問題，金銭の徴収に関わる問題，健康・安全に関わる問題などが考えられる。

　学級や学校での集団生活に関わる生徒個々の問題の解決のためには，教師が積極的に関わって指導することも大切である。特に入学当初は，新しい人間関係を築くとともに新しい集団に適応するための大切な機会であり，小学校との連携も図り，個々の生徒に十分配慮した指導をしていくことが大切である。

イ　学級内の組織づくりや役割の自覚

> 　学級生活の充実や向上のため，生徒が主体的に組織をつくり，役割を自覚しながら仕事を分担して，協力し合い実践すること。

　この内容は，学級が集団としての機能を発揮し，充実や改善・向上を図るために，学級内に組織をつくり，生徒一人一人が学級の形成者として果たすべき役割を自覚し，協力しながら責任をもって行う活動を展開することである。

　この内容において育成を目指す資質・能力については，例えば，学級における生活上の役割を担う活動やグループ活動等の意義を理解し，話合いを通して学級としての目標の実現のために必要な組織を考えたり，自他のよさを生かした役割を分担したりして，互いに高め合うことができるようになることが考えられる。また，学級や自己の課題解決に必要な役割を自覚し，実践することにより，学級や学校の生活を向上させようとする態度を育てることも考えられる。

　例えば，生徒が話し合って決めた学級の目標を踏まえ，それを実現するために必要な組織づくりや，仕事の役割分担やルールづくり，学級内の組織の意義や活動について話し合って合意形成を図る活動や，分担した役割の計画や成果を学級で共有する方法についての話合い，各活動の振り返りや改善についての話合いなどの充実が考えられる。

　また，「主体的な組織づくり」とは，自分たちが学級の生活づくりの主体であるという自覚を高めるとともに，目標などを生徒の間で共有化し，その実現に向けて生徒一人一人のよさを生かした組織づくりを考えることである。振り返りを行う際には，形式化，形骸化しないよう，自分たちが活動した結果，目標の達成に近づくことができたかや学級の生活が向上したか等の評価の視点を明確にし，次の活動への意欲を促すことが必要である。

　なお，学級は学校生活の基本単位であり，その組織と活動は，学級独自のもの

であるが，学校生活の充実を図るためには，生徒会の組織との関連を十分に図ることも大切である。つまり，学級と生徒会の組織や役割分担が相互の関連をもち，実際に活動を進めていく上で密接な連携を図ることができるような組織とすることが大切である。また，活動に際しては，学校の全員が自己の役割に対する責任と喜びを感じ，よりよい学校生活にするための様々な創意工夫ができるように配慮することが重要である。

ウ　学校における多様な集団の生活の向上

> 生徒会など学級の枠を超えた多様な集団における活動や学校行事を通して学校生活の向上を図るため，学級としての提案や取組を話し合って決めること。

生徒は，学級の形成者の一人であると同時に，学校の形成者の一人でもある。この内容は，生徒会や，学校行事に取り組む各種の集団，部活動などの任意の団体など，学級や学年の枠を超えた多様な集団における活動及び学校行事等を通して学校生活の向上を図るために，学級としての提案や取組を話し合って決める活動である。よりよい人間関係を築きながら，様々な集団生活への適応を図るとともに，それらの活動を通して生徒自ら学校や学級での生活を充実させていくことである。

この内容において育成を目指す資質・能力については，例えば，学級の枠を超えた集団や異年齢集団と協働する意義を理解するとともに，異なる意見を理解しようとする努力や力を合わせた取組が集団活動の向上やよりよい人間関係の形成につながることを理解することや，学校における多様な集団生活の目標やきまり等を理解した上で，それらのために学級として取り組むべきことを考え，主体的な活動ができるようになることが考えられる。また，こうした過程を通して，多様な集団活動に積極的に参加し，他者と協力した自己の課題解決や学校，地域社会における生活全体の向上を図ろうとする態度を育てることが考えられる。

「学級としての提案や取組」とは，例えば，生徒会活動や学校行事への参加や協力，生徒総会の議事を取り上げた討議や学校行事への学級としての参加の在り方，生徒相互の話合いを展開することが考えられる。

話合いを通してこのような資質・能力を身に付けていくためには，学級や学校生活への適応を図るとともに，必要に応じて，集団生活のマナーとルールを守りながら自主的，実践的な活動を進めることについての指導を行っておくことも重要である。上級生などの経験等を活用したガイダンス，地域の文化・スポーツ団

体やボランティア団体の人々を招いての講話などを活用することも考えられる。なお，生徒は学校内の多様な集団活動に加えて，学校外では，地域社会などにおける様々な集団での活動に参加することもある。また，家庭，地域社会，時には各種の青少年団体やスポーツクラブなどの集団の一員として活動を展開する場合もある。学校における様々な集団での活動を経験することにより，生徒は，学校内外のいずれの集団においても，それぞれの集団が目的を達成するためには，集団で取り組む課題を見いだして，目標を立て，その目標を達成するために，各自が責任を果たし，互いに協力し合って集団の生活の向上を図ることが大切であるということについて理解を深めることができるようになる。

なお，この内容に関しては，生徒会活動や学校行事の単なる準備や練習，片付けの時間にならないように十分留意する必要がある。

（2）　日常の生活や学習への適応と自己の成長及び健康安全

この内容は，日常の生活や学習への適応と自己の成長及び健康や安全に関するもので，生徒に共通した問題であるが，一人一人の生徒の理解や自覚を，意思決定とそれに基づく実践等を重視する活動である。学級活動の内容「(1) 学級や学校における生活づくりへの参画」が，教師の適切な指導の下，生徒が共通の問題として取り上げ，協力して実践するという学習過程であることとの違いに留意し，関係する教科等における学習や，個別の生徒指導等との関連を図りつつ，教師が意図的，計画的に指導する必要がある。

学級活動の内容（2）においては，例えば次のとおり資質・能力を育成することが考えられる。

○　日常の生活や学習への適応と自己の成長及び健康安全といった，自己の生活上の課題の改善に向けて取り組むことの意義を理解し，適切な意思決定を行い実践し続けていくために必要な知識や行動の仕方を身に付けるようにする。

○　自己の生活や学習への適応及び自己の成長に関する課題を見いだし，多様な意見をもとに自ら意思決定をすることができるようにする。

○　他者への尊重と思いやりを深めてよりよい人間関係を形成しようとしたり，他者と協働して自己の生活上の課題の解決に向けて悩みや葛藤を乗り越えながら取り組もうとしたりするとともに，将来にわたって自他の健康で安全な生活づくりに配慮しようとする態度を養う。

この内容では，学級活動の目標に「話合いを生かして」とあるように，生徒が共通する問題を取り上げ，話合いを通してその原因や対処の方法などについて考

え，自己の課題の解決方法などについて意思決定し，強い意志をもって悩みや葛藤を乗り越えながら粘り強く実行していく活動が中心になる。指導に当たっては，学級の生徒の相互理解を深め，共に課題の解決に取り組んでいこうとする意欲を育て，自他の尊重に基づく健全な生き方を探求できるよう工夫することが大切である。また，生徒が意思決定したことを将来にわたって生かすことができるように助言することが大切である。その際，生徒にとって切迫感のある題材を取り上げたり，生徒が自分事として捉えることができるよう，指導方法や提示する資料の工夫を行ったりすることが重要である。各教科，道徳科及び総合的な学習の時間などの指導との密接な関連を図り，学年や生徒の発達の段階に即して計画的・系統的に指導を行うことが大切である。

　学級活動の（2）は，アからオまでの五つの内容からなり，いずれについても題材として様々な取り上げ方が可能なものであるが，指導に当たっては，日常のあらゆる教育活動を通して進められる生徒指導との関連を図り，自己探求や自己の改善・向上の視点から，人間としての生き方についての自覚を深め，社会の中で自己を正しく生かす資質・能力を養うことと広く関わらせながら指導することが大切である。

　この活動の進め方に当たっては，指導の効果を高めるために，各教科担任の専門性を生かした指導や，養護教諭，栄養教諭，学校栄養職員などの専門性を生かした指導が行えるよう配慮するとともに，家庭や地域との連携・協力を図ったり，個に応じた指導を工夫したりする必要がある。

ア　自他の個性の理解と尊重，よりよい人間関係の形成

> 　自他の個性を理解して尊重し，互いのよさや可能性を発揮しながらよりよい集団生活をつくること。

　この内容は，学級・学校内にとどまらず，より広い意味での人間関係の在り方を考え，様々な集団の中での人間関係をよりよく形成していくことができるようにするものである。自己の個性を見つめ，それを大切にしていくことは，自己肯定感を高め，自己の確立や自己実現を図るための基盤となる。また，他者の個性を理解し互いに尊重し合うことは，自己理解を一層深めるとともに，豊かな人間関係を育んでいくことにつながる。

　この内容において育成を目指す資質・能力については，例えば，学校生活や社会生活において互いを尊重し合うことが重要であることを理解し，自己の個性を肯定的に捉え，自他のよさや可能性に気付き，それらを生かして協力し合える人

間関係を築くことができるようになることが考えられる。また，そうした過程を通して，他者への思いやりを深め，共に生きる人間として豊かに成長しようとする態度を育てることも考えられる。

　そのためには，自分の個性をよく知り，自己を高めようとする努力が大切であることを理解するとともに，他者の個性を尊重することを通して，他者への思いやりを深めることが，集団生活では重要であることを理解させる必要がある。

　自己の個性を総合的に捉え，将来在るべき姿を思い描き，それに向けて努力することが重要であり，自他のよさを認め合い，互いを尊重し協働することを通して，よりよい人間関係が築かれる。他者に認められる体験が，自己肯定感を高めるとともに，自己確立や自己実現の基盤となる資質・能力を身に付けることになる。

　また，自己理解を一層深めるとともに，多様な他者のよさを見付け，豊かな人間関係を育て，共に将来の夢や希望をもって生きていこうとする態度の育成が望まれる。

　具体的な活動には，望ましい人間関係の在り方，豊かな人間関係づくりと自己の成長，自己表現とコミュニケーション能力などの題材を設定し，体験発表を取り入れた話合い，自己表現力やコミュニケーション能力を高める体験的な活動，学級成員相互の理解を深める活動など，様々な展開の工夫が考えられる。また，入学直後や学級編成替えなどにより新たな人間関係を築くことが求められる時期には，自分の長所・短所，友人への期待と励まし，自他の個性を知りそれを生かす方法などの題材を設定し，自らを振り返ると同時にグループや学級全体で話し合う活動などが考えられる。

　なお，中学生の時期は，自己への関心が高まると同時に，人間関係の広がりとともに他者への意識も高まる時期である。また，自分の具体的な進路を考える時期になると，人からの評価を気にしたり，人と比較したりすることで自己評価を低下させるという傾向も強まってくる。とりわけ，情報が氾濫し価値観が多様化している現代社会においては，自分の存在に価値を見いだせず，目標を見失いがちな生徒も少なくないことから，中学生期の発達の段階に照らして，重要な内容と考えられる。こうした時期に多様な他者の価値観を認め，寛容であることは重要な意味をもっている。

イ　男女相互の理解と協力

> 　男女相互について理解するとともに，共に協力し尊重し合い，充実した生活づくりに参画すること。

この内容は，学校教育全体を通じて，人間の尊重や平等について考え，男女が共同して社会に参画することや協力して充実した生活を築くことができるようにするものである。男女相互について理解するということは，互いに相手のよさを認め合うことである。独立した一個の人格としてその尊厳を重んじ，人間としての成長と幸せを願うという点において，異性間における相互の在り方は，基本的に同性間におけるものと変わるところがない。しかし，中学生の時期は，身体的な特徴が顕著になるとともに，個人差はあるものの，異性への関心の高まりや性衝動が生じるなど心理面の変化も顕著となることから，男女における身体面・精神面の違いの理解や，異性を尊重し人間関係を築くに当たってのルールやマナーについて理解することは大切である。

　ここで育成を目指す資質・能力としては，例えば，男女相互に独立した一個の人格として互いを尊重し合い，共に協力して充実した社会づくりに参画することの大切さを理解し，人間関係を築くに当たってのルールやマナーを大切にし，共に充実した学校生活をつくることができるようになること等が考えられる。また，そうした過程を通して，家庭や地域社会における男女相互の理解と協力の在り方などについて幅広く考え，共に生きる人間として豊かに成長しようとする態度を育てることも考えられる。

　具体的には，男女相互の理解と協力，人間の尊重と男女の平等，男女共同参画社会と自分の生き方などの題材を設定し，アンケートやインタビューを基にしたり，新聞やテレビ等の資料を参考にしたりして，話し合うなど活動の工夫を行うことが考えられる。

　また，社会科，保健体育科，技術・家庭科，道徳科などの学習とも関連させ，共に充実した学校生活を築くような主体的な意識や態度を育成するとともに，家庭や社会における男女相互の望ましい人間関係の在り方などについても，幅広く考えていくことが大切である。

　なお，この内容については，性に関する指導との関連を図ることが重要であり，内容項目のウとして挙げている「性的な発達への対応」とも関連付けて，生徒の発達の段階や実態，心身の発育・発達における個人差などにも留意して，適時，適切な指導を行うことが必要である。加えて，生徒の発達の段階を踏まえることや教育の内容について学校全体で共通理解を図るとともに保護者の理解を得ること，事前に集団指導として行う内容と個別指導との内容を区別しておくなど，計画性をもって実施することが求められるところであり，適切な対応が必要である。

ウ　思春期の不安や悩みの解決，性的な発達への対応

> 心や体に関する正しい理解を基に，適切な行動をとり，悩みや不安に向き合い乗り越えようとすること。

　この内容は，思春期の心と体の発達や性に関する知識を理解し，適切に活用して，自己の悩みや不安を解消しながら自他の人格を尊重した行動ができるようにすることである。中学生は，自我の目覚めとともに，独立の欲求が高まり，自己を内省し始める時期である。その一方，自我の発達は未熟な面もあり，自信を失ったり自己嫌悪に陥ったりすることも少なくない。この時期は，個人差はあるものの，人間関係の複雑化に起因する悩みや異性への関心も高くなる。中学生にとって，性を考えることは，大人として自立するための大切な過程であるが，自分の存在に価値や自信がもてないなど，時には様々な心の葛藤や遊びに傾斜する心と結び付き，性的な逸脱行動も危惧されることから，個々の生徒理解に基づく適切な指導が大切である。

　ここで育成を目指す資質・能力としては，例えば，思春期の心と体の発達や性に関する情報等を正しく理解し，自己の悩みや不安を解消しながら自他の人格を尊重した行動ができるようになることが考えられる。また，そうした過程を通して，自己の行動に責任をもち，悩みや不安に向き合う経験や学びを人間としての成長につなげようとする態度を育てることも考えられる。

　また，一人の悩みを自分のことのように共感して考えることができる雰囲気を学級の中につくることも重要である。こうした活動を通して思春期特有の問題を乗り越えることによって，人間としての成長につなげることが望まれる。

　具体的な活動の工夫として，自分が不安に感じること，悩みやその解決方法，身近な人の青年時代等の題材を設定し，生徒が自由に話し合ったり，先輩や身近な大人にインタビューして発表したり話し合ったりするなど様々な方法が考えられる。また，思春期の心と体の発育・発達，性情報への対応や性の逸脱行動に関すること，エイズや性感染症などの予防に関すること，友情と恋愛と結婚などについての題材を設定し，資料をもとにした話合いや，専門家の講話を聞くといった活動が考えられる。なお，保健体育（保健分野）をはじめとした各教科，道徳科等の学習との関連，学級活動の他の活動との関連について学校全体で共通理解した上で，教育の内容や方法について保護者の理解を得ることが重要である。

　また，思春期の心と体の発達や性については，個々の生徒の発達の段階や置かれた状況の差異が大きいことから，事前に，教職員が，集団指導と個別指導の内容を整理しておくなど計画性をもって実施する必要がある。また，指導の効果を

高めるため養護教諭やスクール・カウンセラーなどの専門的な助言や協力を得ながら指導することも大切である。

エ　心身ともに健康で安全な生活態度や習慣の形成

> 　節度ある生活を送るなど現在及び生涯にわたって心身の健康を保持増進することや，事件や事故，災害等から身を守り安全に行動すること。

　この内容は，心身の機能や発達，心の健康についての理解を深め，生涯にわたって積極的に健康の保持増進を目指し，安全に生活することができるようにするものである。日常の健康や安全に関する問題を把握し，必要な情報を適切に収集し，課題解決や健康及び安全の保持増進に向けた意思決定とそれに基づく実践などの活動が中心となる。

　この内容において育成を目指す資質・能力としては，例えば，現在及び生涯にわたって心身の健康を保持増進するために，節度ある生活を送り，自己管理を行うことの意義やそのために必要となることを理解し，日常及び災害時の安全確保に向けた正しい情報の収集と理解ができるようになること。学校内外における自己の生活を見直し，自らの生活環境や健康維持に必要な生活習慣等を考えるとともに，安全に配慮した的確な行動がとれるようになることなどが考えられる。また，そうした過程を通して，主体的に生活環境の改善や健康の維持増進に努めるとともに，状況に応じて自他の安全を確保する態度を育てることなどが考えられる。

　そのためには，自らの健康状態についての理解と関心を深め，望ましい生活態度や習慣の形成を図っていくことが大切である。また，日頃の備えを含め自然災害等に対しての心構えや適切な行動がとれる力を育てることが大切である。その際，安全に関わる各教科等の学習との関連を十分図る必要がある。

　また，自他の健康保持に主体的に取り組む態度や，自己の安全を確保するのみならず，身の回りの人の安全を確保する態度を育むことが重要である。

　具体的な活動の工夫としては，心の健康や体力の向上に関すること，口腔の衛生，生活習慣病とその予防，食事・運動・休養の効用と余暇の活用，喫煙，飲酒，薬物乱用などの害に関すること，ストレスへの対処と自己管理などに関する題材を設定し，身近な視点からこれらの問題を考え意見を交換できるような話合いや討論，実践力の育成につながるロールプレイングなどの方法を活用して展開していくことが考えられる。

　また，防犯を含めた生活安全や自転車運転時の交通安全に関すること，種々の

災害時の安全に関すること，生命の尊重に関すること，環境整備に関すること，インターネットの利用に伴う危険性や弊害などに関する題材を設定し，事故の発生状況や危険箇所の調査結果をもとにした話合い，「ひやり，はっとした」といった体験に基づく感想や発表，安全マップの作成，実技を通した学習，ロールプレイングなど様々な方法による活動が考えられる。防災に関しては地域の地理，自然の特性など地域に関して教科等横断的に学ぶ中でその意識を高めていくこと，安全に関しては，日常生活に潜む様々な危険を予測したり，問題解決の方法を話し合ったりすることで，安全に保つために必要な事柄への理解を深める活動が考えられる。

　なお，心身の健康と安全に関わる指導は，学校教育全体を通じて行われる保健や安全に関する指導等との関連を図る必要があり，教職員の共通理解を図るとともに，保護者や地域の理解と協力を得ながら実施することも必要である。内容によっては，養護教諭や関係団体などの協力を得ながら指導することも大切である。また，自立した生活を営むための力や共に助け合うための力を育むことは，安全に生きていくために求められる「自助」や「共助」につながっていく。さらに「公助」の視点を踏まえ，安全な地域・社会づくりに参加し貢献するために主体的に関わっていこうとする力を育み，社会参画する態度を養うことが重要である。

オ　食育の観点を踏まえた学校給食と望ましい食習慣の形成

> 　給食の時間を中心としながら，成長や健康管理を意識するなど，望ましい食習慣の形成を図るとともに，食事を通して人間関係をよりよくすること。

　この内容は，自分の食生活を見直し，自ら改善して，生涯にわたって望ましい食習慣が形成され，食事を通してよりよい人間関係や社交性が育まれるようにするものである。

　規則正しく調和のとれた食生活は，健康の保持増進の基本である。近年の生徒等の食生活の乱れが，生活習慣病はもとより心の健康問題にも発展するなど食に起因する新たな健康課題を生起していることから，学校においても食育を推進し，望ましい食習慣を形成することは極めて重要な課題となっている。

　この内容において育成を目指す資質・能力としては，例えば，健康や食習慣の正しい知識が大切であることを理解し，給食の時間の衛生的で共同的な楽しい食事の在り方等を工夫するとともに，自らの生活や今後の成長，将来の生活と食生活の関係について考え，望ましい食習慣を形成するために判断し行動ができるようにすることが考えられる。また，そうした過程を通して，健康な心身や充実し

た生活を意識して，主体的に適切な食習慣を形成する態度を育てることなどが考えられる。

　食育の観点を踏まえた学校給食と望ましい食習慣の形成は，食に関する資質・能力等を，生徒が発達の段階に応じて総合的に身に付けることができるように学校教育全体で指導することである。したがって，学校の教育計画等と関連付けながら食に関する指導の全体計画を作成し，給食の時間を中心としながら，各教科等における食に関する指導を相互に関連付け，総合的かつ効果的な指導が行われるように留意する必要がある。

　給食の時間においては，楽しく食事をすること，栄養の偏りのない健康によい食事のとり方，食中毒の予防に関わる衛生管理の在り方，準備や後片付けなどの作業を通して奉仕や協力・協調の精神を養うことなどに関する指導により望ましい食習慣の形成を図るとともに，食事を通して人間関係をよりよく形成していくことをねらいとしている。適切な給食時間を確保した上で，給食の準備から後片付けを通して，計画的・継続的に指導することが重要である。また，食を取り巻く社会環境の変化等を踏まえつつ，家庭との連携が重要である。さらに，心身の健康に関する内容にとどまらず，自然の恩恵などへの感謝，食文化，食糧事情などについても教科等の指導と関連を図りつつ指導を行うことが望まれる。

　具体的な活動の工夫としては，自分の食生活の見直しと改善，望ましい食習慣への課題，生涯を通じた望ましい食習慣を形成などの題材を設定し，発表し合う活動などが考えられる。

　また，「食」は心身の成長及び人格の形成に大きな影響を及ぼすこと，生涯にわたって健全な心と体を培い豊かな人間性を育んでいく基礎となることなどの題材を設定し，主体的に食習慣の改善に取り組むよう指導することが重要である。

　学校給食を実施していない学校においても生徒が健康の大切さを実感し，生涯にわたって自己の健康に配慮した食生活を営めるよう，望ましい食習慣の形成については，食育の観点も踏まえ，健康・安全に関する指導の一環として指導する必要がある。

(3)　一人一人のキャリア形成と自己実現

　この内容は，個々の生徒の将来に向けた自己実現に関わるものであり，一人一人の主体的な意思決定に基づく実践活動にまでつなげることをねらいとしている。今回の改訂においては，特別活動を要として，学校教育全体を通してキャリア教育を適切に行うことが示された。個々の生徒の将来に向けた自己の実現に関わる内容であり，一人一人の主体的な意思決定に基づく実践活動につなげる活動である。

変化の激しい社会にあって，個々の生徒が将来における職業生活に備え，学校で学ぶことと社会との接続を意識した社会的・職業的な自立に向けた資質・能力の育成は，自己実現を図る上で今日的な課題である。ここで扱う活動内容は，生徒の現在及び将来の生き方を考える基盤になるものであり，教育活動全体を通して行うキャリア教育や個に応じた指導，援助，相談等との関連を図ることが大切である。

「キャリア形成」とは，社会の中で自分の役割を果たしながら，自分らしい生き方を実現していくための働きかけ，その連なりや積み重ねを意味する。これからの学びや生き方を見通し，これまでの活動を振り返るなどして自らのキャリア形成を図ることは，これからの社会を生き抜いていく上で重要な課題である。

生徒が，将来直面する様々な課題に柔軟かつたくましく対応し，社会的・職業的に自立していくためには，生徒一人一人が，学ぶこと，働くこと，そして生きることについて考え，それらの結び付きを理解していくことで，多様な他者と協働しながら，自分なりの人生をつくっていく力を育むことが必要である。

また，活動の過程を記述し振り返ることができる教材等の作成とその活用を通して，生徒自身が自分の成長や変容を把握し，主体的な学びの実現や今後の生活の改善に生かしたり，将来の生き方を考えたりする活動が求められる。

学級活動（3）においては，例えば次のとおり資質・能力を育成することが考えられる。

○　社会の中で自分の役割を果たしながら，自分らしい生き方を実現していくことの意義や，現在の学習と将来の社会・職業生活とのつながりを考えるために，必要な知識及び技能を身に付けるようにする。

○　現在の自己の学習と将来の生き方や進路についての課題を見いだし，主体的に学習に取り組み，働くことや社会に貢献することについて，適切な情報を得ながら考え，自己の将来像を描くことができるようにする。

○　将来の生き方を描き，現在の生活や学習の在り方を振り返るとともに，働くことと学ぶことの意義を意識し，社会的・職業的自立に向けて自己実現を図ろうとする態度を養う。

この内容の指導に当たっては，特に次の2点を踏まえることが大切である。

一つ目は，総則において，特別活動が学校におけるキャリア教育の要としつつ学校の教育活動全体で行うこととされた趣旨を踏まえることである。キャリア教育の要としての役割を担うこととは，キャリア教育が学校教育全体を通して行うものであるという前提のもと，これからの学びや自己の生き方を見通し，これまでの活動を振り返るなど，教育活動全体の取組を自己の将来や社会づくりにつな

げていくための役割を果たすということである。

　二つ目は，学級活動（3）の内容が，キャリア教育の視点からの小・中・高等学校のつながりが明確になるよう整理されたということである。ここで扱う内容については，将来に向けた自己実現に関わるものであり，一人一人の主体的な意思決定を大切にする活動である。小学校から高等学校へのつながりを考慮しながら，中学校段階として適切なものを内容として設定している。キャリア教育は，教育活動全体の中で基礎的・汎用的能力を育むものであることから，職場体験活動などの固定的な活動だけにならないようにすることが大切である。

　学級活動（3）に関する内容には，次のようなものがある。

ア　社会生活，職業生活との接続を踏まえた主体的な学習態度の形成と学校図書館等の活用

　現在及び将来の学習と自己実現のつながりを考えたり，自主的に学習する場としての学校図書館等を活用したりしながら，学ぶことと働くことの意義を意識して学習の見通しを立て，振り返ること。

　この内容は，学校における個々の学習が，それぞれのキャリア形成にどのようにつながっていくのかということや，なぜ学ぶのかといった学ぶことの本質的な意義に気付き，個々の生徒の学習意欲が高まり，主体的に学習が進められるようにするものである。

　その際，生徒が自分にふさわしい学習方法を見いだしたり，学習に意欲をもって主体的に取り組んだりする上で，自主的な学習を深める場としての学校図書館等を積極的に活用する態度を養うことも，「学び」の方法を身に付ける上で大切である。

　この内容において育成を目指す資質・能力としては，例えば，現在の学習が将来の社会・職業生活の基盤になることや，他者との関わりを通して自己の将来に関する考えを深めることの大切さを理解し，自己を見つめ，これまでの活動を振り返りながら主体的に新たな学習に取り組むことができるようになることが考えられる。また，そうした過程を通して，自己実現を目指した努力と改善を積み重ね，生涯にわたって学び続けようとする態度を育てることなどが考えられる。

　そのためには，学級経営の充実を図り，学習活動の基盤としての学級における学習環境を整え，生徒の学びへの積極的関与と深い理解を促すような指導を充実し，生徒が自他の個性を尊重しつつ，互いに高め合うような学級づくりを進めていくことが重要である。

具体的な活動の工夫としては，充実した人生と学習，学ぶことや働くことの楽しさと価値，学ぶことと職業などについての題材を設定し，保護者や卒業生など自分の身の回りの人，地域の職業人などの体験談などを取り入れながら，自分なりの考えをまとめ，発表したり，互いに話し合ったりすることなどが考えられる。

また，学習意欲と学習習慣，自ら学ぶ意義や方法などについて題材を設定するとともに，小学校から現在までのキャリア教育に関わる諸活動について，学びの過程を記述し振り返ることができるポートフォリオの作成と活用を通して，自身の成長や変容を自己評価したり，将来の社会生活や職業生活を展望したりする活動が求められる。学校図書館等を活用して学習を振り返り，自主的な学習を深め，多様な情報を収集して進路選択や自己実現につなぐ場としての意義や役割に気付き，積極的に活用する態度を養うことも大切である。

これらの指導は，各教科等の学習と関連して指導したり，内容によって司書教諭や，学校図書館司書，学校図書館やICTに関わるボランティアなどの協力を得て，実際に学校図書館の仕組みの理解や利用の仕方に関する実践的な活動を行ったりするなど，小学校までの経験を生かしつつ，中学生にふさわしく指導に具体性と変化をもたせることが望ましい。

イ　社会参画意識の醸成や勤労観・職業観の形成

> 社会の一員としての自覚や責任をもち，社会生活を営む上で必要なマナーやルール，働くことや社会に貢献することについて考えて行動すること。

この内容は，勤労観・職業観を育み，集団や社会の形成者として，社会生活におけるルールやマナーについて考え，日常の生活や自己の在り方を主体的に改善しようとしたり，将来を思い描き，自分にふさわしい生き方や職業を主体的に考え，選択しようとしたりすることができるようにするものである。今日の我が国の若者の勤労観・職業観の未成熟さが指摘されていることから，社会参画意識や勤労観・職業観の醸成に関わる指導は，重要な役割を担うものと考える。

この内容において育成を目指す資質・能力としては，例えば，他者と協力し合いながら，自らの能力や適性を生かして仕事や役割を担うことが社会づくりにつながることなど，勤労や職業について理解を深め，勤労や職業と自己実現との関係について考え，自分なりの勤労観・職業観を醸成していくことができるようになること。また，こうした過程を通して，社会の形成者として，自らを生かした責任ある行動を取り，社会生活における課題の改善に向けて貢献しようとする態度を養うことなどが考えられる。

そのためには，様々な役割や職業がどのように社会を支えているのかに気付くとともに，集団や社会での役割を果たすことやその過程で能力を適正に生かすことの意義について実感することが大切である。

　具体的な活動の工夫としては，自分の役割と生きがい，働く目的と意義，身近な職業と職業選択などの題材を設定し，調査やインタビューを基に話し合ったり，発表やディベートを行ったりなどの活動などが考えられる。また，学校行事として実施する職場体験活動，介護体験，あるいは職業人や福祉団体関係者を招いての講話等との関連を図りながら，それらの事前，事後の指導として，調査や体験の振り返りをもとに話し合い，感想文の作成，発表などの活動の展開も考えられる。その際には，働くことを通じて，適性や能力がどのように発揮され，社会における自分をどのように評価するのかといった自己有用感や自己肯定感などについて理解できるようにすることが重要である。

ウ　主体的な進路の選択と将来設計

> 　目標をもって，生き方や進路に関する適切な情報を収集・整理し，自己の個性や興味・関心と照らして考えること。

　この内容は，生き方や進路に関する各種の情報を収集して活用するとともに，自分自身の興味・関心などの個性を理解した上で，自分の将来の生き方や生活について見通しをもち，進路選択を行うものである。ここでいう進路の選択や将来設計は，中学校卒業後の就職や進学について意思決定することがゴールではない。中学校卒業後も，様々なことを学んだり，職業経験を積んだりしながら，自分自身の生き方や生活をよりよくするため，常に将来設計を描き直したり，目標を段階的に修正して，自己実現に向けて努力していくことができるようにすることが大切である。

　ここで育成を目指す資質・能力としては，例えば，中学校卒業後の進路や社会生活に関する幅広い情報を理解し，自分を見つめ，目指すべき自己の将来像を描くことができるようになることが考えられる。また，そうした過程を通して，生涯にわたって段階的な目標の達成と，自らの社会的・職業的自立に向けて努力しようとする態度を育てることなどが考えられる。

　具体的な活動の工夫としては，高等学校などの進路に関する情報だけでなく，職業や働き方，生き方に関する情報などを活用する活動や，自分の夢や希望，人生と生きがい，将来設計などについての題材を設定し，自分の将来を見通すことが考えられる。夢や希望を描くことが難しい生徒への配慮も求められる。また，

地域の職業人や福祉団体関係者の講話や感想文等を活用した展開や，体験に基づく発表，話合いなども考えられる。

　将来の生活における職業人，家庭人，地域社会の形成者などとしての役割や活動を知り，生徒が将来の生活を具体的に描き，進路計画として立案する必要がある。目指すべき自己の将来像を暫定的に描くには，生き方や進路に関する情報を収集して活用するとともに，これまでや現在の自分を振り返り，自己の興味・関心や適性を把握することが必要である。

　そのためには，進路計画の実現を目指して，生徒が卒業後の進路選択の問題を，自分自身の課題として受け止め，自ら解決するために，何を知り，どのように考え，いかに行動すべきかなどについて検討することが大切である。自らの興味・関心や適性などを生かすには，特定の職業や生き方に限定されないように，選択の幅を広げることが大切であり，将来の目標となる夢や希望とのつながりを見通すことも重要である。

　なお，生徒の進路選択に関わる今日的な環境の変化が一層進んでいる。経済環境の変動に伴う産業構造・就業構造の変化に加えて，正規雇用以外の雇用形態が多様化し，長期雇用や年功序列あるいは学歴による処遇といった企業の雇用慣行等が変化する中で，人はその人生において，進学・就職を含めて何回ものキャリアの選択を迫られるようになっており，キャリアを自ら形づくっていく時代を迎えていると言えることから，将来の生き方や生活につながる主体的な進路の選択を実現する資質・能力の育成が一層重要となる。

　また，進路選択に関しては，生徒の家庭の経済状況などで進学を断念することのないよう，奨学金等の制度について正しく理解した上で積極的に活用できるよう必要な助言を行うことも大切である。

● 3　学級活動の指導計画

学習指導要領第5章の第3の1の（2）で，次のとおり示している。

---

(2) 各学校においては特別活動の全体計画や各活動及び学校行事の年間指導計画を作成すること。その際，学校の創意工夫を生かし，学級や学校，地域の実態，生徒の発達の段階などを考慮するとともに，第2に示す内容相互及び各教科，道徳科，総合的な学習の時間などの指導との関連を図り，生徒による自主的，実践的な活動が助長されるようにすること。また，家庭や地域の人々との連携，社会教育施設等の活用などを工夫すること。

学級活動の指導計画には，学校としての年間指導計画，学級ごとの年間指導計画や１単位時間の指導計画がある。これらの学級活動の指導計画の作成に当たっては，ここで示したことを踏まえ，特に次のようなことに配慮して作成する必要がある。

（1）　学校の創意工夫を生かすとともに，学校の実態や生徒の発達の段階などを考慮し，生徒による自主的，実践的な活動が助長されるようにする

①学校の創意工夫を生かすこと

　学級活動の指導計画の作成に当たっては，特別活動の全体計画や目標を踏まえ，学校の教師全体の創意工夫を生かすことにより，中学校入学から卒業までの３学年間を見通して，学校の目標を達成するにふさわしい指導計画とすることが大切である。次に学校全体の指導計画をもとにし，学年及び学級の実態に応じ，学級担任や当該学年の教師などが創意工夫を十分に生かし，それぞれの指導計画を作成する必要がある。

②学校の実態や生徒の発達の段階などを考慮すること

　学級活動においては，生徒が学級や学校で当面する生活上の様々な問題を内容として取り上げるが，生徒の実態は学校や地域の状況などによって異なっているため，指導計画はそれらを十分に配慮して作成する必要がある。

　学級活動においては，各学年に共通の活動内容が示されている。したがって，指導計画の作成に関しては，内容ごとに生徒の発達や３学年間の系統性などに十分配慮する必要があり，学年ごとに題材の設定や指導の仕方などを工夫する必要がある。

　また，入学当初から卒業までの生徒の変化を十分考慮して指導計画を作成することが大切である。小学校で身に付けた資質・能力を更に発展させるとともに，生徒の社会的自立に向けて一層主体的な活動ができるような指導計画の作成が大切である。

③生徒による自主的，実践的な活動が助長されるようにすること

　学級活動は，具体的な活動のねらいに沿って展開される生徒の自主的，実践的な活動である。そのためには，可能な限り生徒自らの発案，創意を大切にして，活動計画の作成や実践を進めていくことが学級活動の特質である。

　このような特質を十分に生かし教育的な効果を高めるためには，それぞれの学級の実態に即した組織を設け，生徒一人一人が役割を分担し，活動計画を立てて実践する機会を豊富に用意する必要がある。特に，中学生の時期には，そ

の発達の段階として自主独立の要求が高まることから，生徒の自発的，自治的な活動をできるだけ尊重し，生徒が自らの力で組織を作り，活動計画を立て，協力し合って望ましい集団活動を行うように導くことが大切になる。

　しかし，生徒の自主性が高まるとはいえ，生活体験や社会体験もまだ十分でなく，自分の考えにも十分な自信がもてない時期でもあるため，当然教師の適切な指導や個別的な援助などが必要であり，そのためには，生徒の心情をよく理解するとともに，指導の在り方の工夫に努め，生徒の自主的，実践的な活動を促していくことが大切である。

(2)　内容相互，各教科，道徳科及び総合的な学習の時間などの指導との関連を図る

　学級活動の指導計画を作成するに当たっては，生徒にどのような資質・能力を育むかを明確にし，それを育む上で効果的な学習内容や活動を組み立て，各教科等における学びと関連付けていくことが不可欠である。各教科，道徳科，総合的な学習の時間，特別活動の学習活動は，それぞれ独自の教育的意義をもちながらも，相互に関連し合って，全体として学校の教育目標の達成を目指すものである。特別活動と各教科，道徳科，総合的な学習の時間などとの関連については，本解説第2章の第2節の4において述べているが，学級活動の指導計画の作成に当たっては，教育効果を高める観点から，他の教育活動との有機的な関連を図ることが重要である。例えば，学級活動における話合い活動の充実のためには，国語科や社会科などの各教科等での学習を生かすことが必要である。また，学級活動(2)の内容項目については，道徳科や技術・家庭科，保健体育科などの学習内容とも関連する部分が多い。その関連を生かしつつ，特別活動の特質を踏まえた指導をすることが大切である。

(3)　家庭や地域の人々との連携などを工夫する

　生徒は，学級や学校において生活を送るとともに，家庭や地域においても生活しており，学級活動の指導においては，家庭や地域等との連携・協力が重要な意味をもっている。そこで，学級活動の指導計画の作成に当たっては，家庭や地域の人々との連携，社会教育施設等の活用などを工夫することが大切である。

　例えば，学級活動の「(2) 日常の生活や学習への適応と自己の成長及び健康安全」や「(3) 一人一人のキャリア形成と自己実現」などは，生徒の家庭や地域での生活との関連が深く，家庭や地域の人々と連携・協力することによって，より効果的な学級活動を展開していくことが可能となる。例えば，保護者や企業，NPO等の協力を得ることが考えられる。内容によっては防災や労働，保健や医療など

に関わる公的機関，大学などの専門機関との連携も想定される。

　家庭や地域の人々との連携に当たっては，生徒本人や家族などの個人情報やプライバシーなどの問題に十分留意して指導計画を作成する必要がある。

(4)　生徒指導及び教育相談の充実を図る

　学習指導要領第5章の第3の1の（3）で，次のとおり示している。

> （3）学級活動における生徒の自発的，自治的な活動を中心として，各活動と
> 　　学校行事を相互に関連付けながら，個々の生徒についての理解を深め，教
> 　　師と生徒，生徒相互の信頼関係を育み，学級経営の充実を図ること。その
> 　　際，特に，いじめの未然防止等を含めた生徒指導との関連を図るようにす
> 　　ること。

　学級は，学校における生徒指導を進めるための基礎的な場であり，そこでは，生徒の発達の段階に即して，基本的な生活習慣の確立に関わる日常的な指導とともに，学校生活への適応や豊かな人間関係の形成，学習への主体的な取組や進路の選択など，生徒が当面する諸課題への対応や健全な生活態度の育成に資する活動についての指導が意図的・計画的に行われる場でもある。さらに，道徳性の育成，心身の健康・安全や食に関する指導，教育相談などが積極的かつ計画的に行われることにより，学校の教育活動全体を通じて行われる生徒指導が深められる場であると言える。

　このように学級という場は，学校生活の基盤としての役割をもっている。それゆえ，教師は，学年や学校全体の協力体制の下に意図的・計画的に学級経営を進め，生徒が心理的に安定して帰属できる学級づくりに心掛けることが大切である。

　学級活動の指導において，生徒指導の機能が十分に生かされることが大切である。また，集団場面の学習成果が個別に生かされて生徒一人一人のものとなるためには，個別指導の中心的なものである教育相談が十分に行われることが必要であり，生徒の家庭との密接な連絡の下に行われることによってその効果も一層高まることになる。

　このような生徒指導及び教育相談が十分に行われるようにするためには，指導計画を整備し年間を通して計画的に実施することが大切である。

(5)　ガイダンスの趣旨を踏まえた指導

　学習指導要領第5章の第3の2の（3）で，次のとおり示している。

（3）学校生活への適応や人間関係の形成，進路の選択などについては，主に集団の場面で必要な指導や援助を行うガイダンスと，個々の生徒の多様な実態を踏まえ，一人一人が抱える課題に個別に対応した指導を行うカウンセリング（教育相談を含む。）の双方の趣旨を踏まえて指導を行うこと。特に入学当初においては，個々の生徒が学校生活に適応するとともに，希望や目標をもって生活をできるよう工夫すること。あわせて，生徒の家庭との連絡を密にすること。

①ガイダンスの趣旨を踏まえた指導

　学級活動は，学校での基礎的な生活の場である学級において，新しい環境の中で，豊かな人間関係を築き学校生活への意欲を高めるなど，学級や学校の生活への適応とその充実・向上を図る活動である。ガイダンスの機能の充実は，こうした学級や学校生活への適応や人間関係の形成などについて，生徒が学校における諸活動や集団の意義，内容等について十分に理解し，よりよい適応や好ましい人間関係の形成に向けて積極的に活動する意欲や態度を養うために重要であり，主に学級活動の場を中心に展開されることが必要である。

　各学校において特に工夫が求められるのは，入学時，新学期といった学校生活や学年の新しい生活あるいは学習や諸活動の開始時期などにおいて，認め合い，励まし合う集団の中で，生徒がこれから始まる生活に対して，十分な情報を得，見通しをもって，学校生活に積極的に取り組む意欲がもてるよう指導することである。そのため，学級担任が各学級の指導の充実に取り組むことはもとより，学級担任が連携・協力して学年全体の指導の充実を図るため，指導内容によって，学年の教師や他の教師の協力を得たり，保護者の協力あるいは上級生等の経験を活用したりすることも大切となる。

　また，進路指導に当たっては，生徒が自己の個性を発見し，伸ばしていくといった観点から適切な進路選択ができるよう，上級学校等の教育内容やその特色等をよりよく理解するために必要な情報の収集・提供の在り方について，上級学校等との連携による体験入学の機会や卒業生の経験の活用など，学級活動の内容・方法を工夫していくことが大切になっている。

　こうした観点から，3学年間を通じた系統的，発展的なガイダンスの計画を立てることが大切である。

　なお，生徒の発達を支えるためには，生徒の発達の特性や教育活動の特性を踏まえて，あらかじめ適切な時期・場面において，主に集団の場面で，必要と

される同質的な指導を，全員に行うガイダンスと，個々の生徒が抱える課題に対して，その課題を受け止めながら，主に個別指導により，個々の生徒の必要度に応じて行うカウンセリングを，それぞれ充実させていくという視点が必要である。

ガイダンスとカウンセリングは，課題解決のための指導の両輪である。教師には，特別活動のいずれの内容においても双方の趣旨を踏まえて指導を行うことが求められる。これらについては本解説第4章において改めて説明する。

②中学校入学当初においては，個々の生徒が学校生活に適応するとともに，希望や目標をもって生活をできるよう工夫すること

中学校生活は，それまでの小学校での生活と異なり，教師と生徒及び生徒相互の人間関係も多様になり，また学習面ではその内容等が深化するなど，生活環境や学習環境が大きく変化してくる。また，自我の目覚めや思春期における不安や悩みなど新たな発達上の課題にも直面するようになる。

特に，中学校入学当初は，小学校から入学してきた生徒による新しい集団，教科担任制や新しい教科，部活動の開始などの変化に興味・関心をもち，新たな決意や目標をもちやすい時期であるとともに，生徒同士や生徒と教師の新たな人間関係や未知の事柄への不安を抱く時期でもある。その中で，いわゆる中1ギャップにより，新しい学習環境や人間関係につまずいて，学校生活への不適応を起こすことも少なくない。

学級活動の指導計画の作成に当たっては，生徒の実態に応じ，いわゆる中1ギャップによる学校不適応等に十分配慮し，また，小学校高学年の学級活動との接続も図って，生徒に希望や目標をもたせるとともに，達成感を味わわせることができるよう工夫する必要がある。

そのため，学区内の小学校と中学校との連携を深め，中学校への体験入学，保護者等への説明会など，地域全体で取り組んでいく工夫などが大切である。

(6) 年間指導計画の作成

学級活動は，第1学年から第3学年までの発達の段階を踏まえ，系統立てて指導するとともに，年間を通して計画的に指導する必要がある。そのためには，まず学校として3学年間を見通した各学年の年間指導計画を作成する必要がある。その際には，学習指導要領で学級活動の内容として示された(1)のアからウ，(2)のアからオ，(3)のアからウの全てについて，各学年の年間指導計画に位置付ける必要があるが，その場合も，必要に応じて内容間の関連を図り，配当された時間の中で学級活動の目標が，適時適切に達成できるように指導計画を作成するこ

とが大切である。また，学年ごとの内容の発展や深化についても配慮しなければ
ならない。

さらに，学校として作成した各学年の年間指導計画を基にして，学級の実態に
即した学級ごとの年間指導計画や1単位時間の指導計画を作成することが必要で
ある。

学級ごとの年間指導計画は，学校として作成した各学年の学級活動の年間指導
計画に基づき，学級担任が学級経営の観点から予想される題材や議題，学年・学
級や生徒個々の実態及び課題，生徒会活動や学校行事などに関わる題材や議題な
どを考慮して作成する計画であり，生徒が作成する活動計画のよりどころとなる
ものである。また，学級活動が，生徒の学校生活における学習や生活の基盤であ
る学級を単位として展開される活動であることからも，学級経営や学年経営との
関連を図って作成することが大切である。

学校としての年間指導計画や学級ごとの指導計画に示す内容としては，次のよ
うなものが考えられる。

○　学校や学年，学級の指導目標
○　育成を目指す資質・能力
○　指導内容（予想される議題やテーマ）と時期
○　指導の時間配当
○　指導方法
○　指導教材（必要に応じて）
○　評価　　　　　など

なお，1単位時間の指導計画は，一般的には，「学級活動指導案」と呼ばれるも
のであるが，この指導計画は，生徒の学習過程などによって，その構成が異なっ
てくる。例えば，合意形成を図る内容（学級活動の（1）），あるいは意思決定を目
指す内容（学級活動の（2）及び（3））の違いに留意しなければならない。合意形
成を図る活動の場合には，議題をどのように設定するかということから活動が始
まるが，意思決定を目指す活動の場合は，題材を教師が計画的に設定しておくこ
とが前提となる。また，生徒が作成した活動計画や，生徒の実態に配慮した題材
の設定，事前及び事後の活動も含めての1単位時間における生徒の活動過程や形
態等についての見通しが示されていることが大切である。

(7)　学級活動に充てる授業時数

学級活動の授業時数等の取扱いについては，学習指導要領第1章の第2の3で，
次のとおり示している。

（2）授業時数等の取扱い

　ア　各教科等の授業は，年間35週以上にわたって行うよう計画し，週当た
　　　りの授業時数が生徒の負担過重にならないようにするものとする。ただ
　　　し，各教科等や学習活動の特質に応じ効果的な場合には，夏季，冬季，
　　　学年末等の休業日の期間に授業日を設定する場合を含め，これらの授業
　　　を特定の期間に行うことができる。

　特別活動のうち，学級活動に充てる標準授業時数は，学校教育法施行規則第73
条の別表第2に示されるように年間35単位時間である。また，学級活動について
は，上記のように少なくとも年間35週以上にわたって毎週実施することが明確に
示されている。これは，学級活動が，生徒の，学級や学校の生活への適応やより
よい人間関係の形成，健全な生活態度の育成などに資する活動であり，このねら
いを達成するためには，教師と生徒の人間関係と信頼関係を築く場や機会を十分
に確保する必要があるからである。特に，中学校では，教科担任制をとっており，
学級担任が生徒と不断に接しているわけではない。そこで，学級活動については
毎週実施することとし，それによって学級担任と生徒との信頼関係を築き，学校
生活への生徒の適応とその生活の充実・向上を図ることが必要である。

　なお，毎日の授業の前後に「朝の会」や「帰りの会」等の名称をもって，学級
ごとに時間が設定される場合も少なくなく，また，その教育的効果も高いと考え
られるが，これらの時間における指導は，学級活動と密接な関連をもちながらも，
学級活動そのもののねらいの達成を目指すものではないため，学習指導要領で定
める学級活動の時間とは明確に区別する必要がある。

　給食の時間に関しては，学習指導要領第1章総則の第1の3で「学級活動（学
校給食に係るものを除く。）」と示されており，学校教育法施行規則第73条の別表
第2の備考2でも同様に示されている。そのことは，給食の時間における指導は
特別活動の標準授業時数には含まれないということである。しかし，このことは，
給食の時間における指導を学級活動として位置付けることを否定したものではな
い。学校給食の特質は，例えば，望ましい食習慣の形成や人間関係の在り方など
について，食事をすることを中心とする給食の時間における生徒の実践を通して
体得することなどにあり，給食の時間にこれらの内容を適切な指導計画に基づい
て指導する場合には，学級活動として位置付けることもできる。ただし，この場
合においても，標準授業時数に基づく特別活動の授業時数には含まれないという
ことである。

● 4　学級活動の内容の取扱い

　学級活動は，全ての学年において，学習指導要領第5章の第2〔学級活動〕の2に示す内容を指導するものであるが，各学年の段階に応じて，生徒の発達の段階の特性や，各教科等における学習状況，小学校や高等学校との円滑な接続などを踏まえて，適切な内容を取り上げて計画的に指導する必要がある。

(1)　話合い活動など小学校からの積み重ねや経験を生かす

　学級活動における内容の取扱いについては，学習指導要領第5章の第2の3の(1)で，次のとおり示している。

> (1) 2の(1)の指導に当たっては，集団としての意見をまとめる話合い活動など小学校からの積み重ねや経験を生かし，それらを発展させることができるよう工夫すること。

　学級活動の内容項目は，集団活動における合意形成を図る内容(1)と個人としての意思決定を行うとする内容(2)，(3)から構成され，いずれも集団での話合いを重視する活動である。

　しかし，中学校においては，話合い活動における学校間，教師間の取組に差が見られ，話合い活動に対する十分な理解の下に実践が行われてきたとは言いがたい状況が見られる。また，中学生の発達の段階として，個人差はあるものの，自己開示に慎重になったり，相手の発言に対して意見を言うことを躊躇ったりしがちな面も見られ，また，これからの時代を生きる力として，個々の生徒に社会参画に対する意識の高揚を図り，合意形成に関わる自治的な能力を育むことが，これまで以上に求められている。

　こうしたことを踏まえ，今回の改訂は，第1章の2「特別活動改訂の趣旨及び要点」や第2章第1節「特別活動の目標」に示したように，特別活動の「見方・考え方」や育成を目指す資質・能力を小・中・高等学校を通じて系統的・発展的に整理する中で，特に集団における話合いに活動における発展を重視したものである。

　具体的には，集団活動における話合い活動の進め方や合意形成の仕方，チームワークの重要性や集団活動における役割分担など，集団活動を特質とする特別活動の前提に関わる基礎的な資質・能力が，小学校からの積み重ねを生かしつつ，発達段階を踏まえて更に発展させていくことが求められている。

　そのようなことから，特に(1)における話合い活動の指導では，「知識及び技

能」の系統性を踏まえ，生徒や学級の実態を見極め，適時・適切な指導が大切であり，このことは，特別活動全てにつながる話合い活動の指導にも共通することである。

また，中学入学当初における話合い活動の指導に当たっては，小学校からの積み重ねや経験を生かし，それらを発展させることが大切である。

小学校では，「話合い活動」が学級活動の中心的な活動形態となっている。特に学級活動の内容「(1) 学級や学校における生活づくりへの参画」において中心的な役割を果たす話合い活動においては，例えば，議題の選定方法，司会や記録などの計画委員会への指導，児童による活動計画の作成，円滑な話合いの進め方や合意形成の仕方などについて，共通理解を図った指導が行われている。小学校との連携により，例えば，小学校における学級活動の取組を参観したり，児童生徒の実態について情報共有を行ったりすることなどが考えられる。

これらを参考に，小学校の学級活動の経験を生かすことが中学校における話合い活動の活性化になるものと考えられる。これらの資質・能力を基盤に，中学生としての「思考力，判断力，表現力等」「学びに向かう力，人間性等」の資質・能力の育成につなげることが，小学校からの積み重ねや経験を生かし，それらを発展させることなのである。

(2)　学習や生活の見通しを立て，振り返る教材の活用

学習指導要領第5章の第2の〔学級活動〕の3の(2)で，次のとおり示している。

> (2) 2の(3)の指導に当たっては，学校，家庭及び地域における学習や生活の見通しを立て，学んだことを振り返りながら，新たな学習や生活への意欲につなげたり，将来の生き方を考えたりする活動を行うこと。その際，生徒が活動を記録し蓄積する教材等を活用すること。

キャリア教育は特別活動を要としつつ学校教育全体で行うものである。日常の教科等の学習指導においても，学ぶことと自己のキャリア形成の方向性とを関連付けながら，見通しをもって職業的・社会的自立に向けて基礎となる資質・能力を育成するなど，教育課程全体を通じてキャリア教育を推進する必要がある。特別活動は，学校教育全体で行うキャリア教育の要としての時間としての役割を明確にするため，また，小・中・高等学校を通してキャリア教育に系統的，発展的に取り組んでいくことを明確にするため，小学校も高等学校も学級活動及びホームルーム活動において「(3) 一人一人のキャリア形成と自己実現」が新たに設け

られた。本項の規定は，学級活動（3）の指導において，学校での教育活動全体や，家庭，地域での生活や様々な活動を含め，学習や生活の見通しを立て，学んだことを振り返りながら，新たな学習への意欲につなげたり，将来の生き方を考えたりする活動を行うことが必要である旨を示している。

「生徒が活動を記録し蓄積する教材等を活用する」とは，こうした活動を行うに当たっては，振り返って気付いたことや考えたことなどを，生徒が記述して蓄積する，いわゆるポートフォリオ的な教材のようなものを活用することを示している。特別活動や各教科等における学習の過程に関することはもとより，学校や家庭における日々の生活や，地域における様々な活動なども含めて，教師の適切な指導の下，生徒自らが記録と蓄積を行っていく教材である。

こうした教材を活用した活動を行うことには，例えば次のような三つの意義があると考えられる。

一つ目は，中学校の教育活動全体で行うキャリア教育の要としての特別活動の意義が明確になることである。例えば，各教科等における学習や特別活動において学んだこと，体験したことを振り返り，気付いたことや考えたことなどを適時蓄積し，それらを学級活動においてまとめたり，つなぎ合わせたりする活動を行うことにより，目標をもって自律的に生活できるようになったり，各教科等を学ぶ意義についての自覚を深めたり，学ぶ意欲が高まったりするなど，各教科等の学びと特別活動における学びが往還し，教科等の枠を超えて，それぞれの学習が自己のキャリア形成につながっていくことが期待される。

二つ目は，小学校から中学校，高等学校へと系統的なキャリア教育を進めることに資するということである。ポートフォリオ的な教材等を活用して，小学校，中学校，高等学校の各段階における学習や生活を振り返って蓄積していくことにより，発達の段階に応じた系統的なキャリア教育を充実させることになると考えられる。例えば都道府県市区町村あるいは中学校区内において，連続した取組が可能となるよう教材等の工夫や活用方法を共有したりすることは大変有効である。

三つ目は，生徒にとっては自己理解を深めるためのものなり，教師にとっては生徒理解を深めるためのものとなることである。学習や生活の見通しをもち，振り返ることを積み重ねることにより，生徒は，年間を通して，あるいは入学してから現在に至るまで，どのように成長してきたかを把握することができる。特に，気付いたことや考えたことを書き留めるだけでなく，それを基に，教師との対話をしたり，生徒同士の話合いを行ったりすることを通して，自分自身のよさ，興味・関心など，多面的・多角的に自己理解を深めることになる。また，教師にとっては，一人一人の生徒の様々な面に気付き，生徒理解を深めていくことになる。

こうした教材については，小学校から高等学校まで，その後の進路も含め，学校段階を越えて活用できるようなものとなるよう，各地域の実情や各学校や学級における創意工夫を生かした形での活用が期待される。国や都道府県教育委員会等が提供する各種資料等を活用しつつ，各地域・各学校における実態に応じ，学校間で連携しながら，柔軟な工夫を行うことが期待される。

　指導に当たっては，キャリア教育の趣旨や学級活動全体の目標に照らし，書いたり蓄積したりする活動に偏重した内容の取扱いにならないように配慮が求められる。なお，プライバシーや個人情報保護に関しても適切な配慮を行うことも求められる。

1
学級活動

第2節　生徒会活動

1　生徒会活動の目標

学習指導要領第5章の第2の〔生徒会活動〕の1「目標」で，次のとおり示している。

> 　異年齢の生徒同士で協力し，学校生活の充実と向上を図るための諸問題の解決に向けて，計画を立て役割を分担し，協力して運営することに自主的，実践的に取り組むことを通して，第1の目標に掲げる資質・能力を育成することを目指す。

　生徒会活動は，全校の生徒をもって組織する生徒会において，学校における自分たちの生活の充実・発展や学校生活の改善・向上を目指すために，生徒の立場から自発的，自治的に行われる活動である。生徒会活動は学年，学級を越えて全ての生徒から構成される集団での活動であり，異年齢の生徒同士で協力したり，よりよく交流したり，協働して目標の実現をしたりしようとする活動である。

　「学校生活の充実と向上を図るための諸問題の解決に向けて，計画を立て役割を分担し，協力して運営することに自主的，実践的に取り組む」とは，生徒会活動の基本的な学習過程を示したものである。学校全体の生活をよりよくするために，集団生活や人間関係などの諸問題から課題を見いだし，生徒会活動の様々な場面で話し合って計画を立て役割を分担し，その解決に向けて自分の役割や責任を果たすなど自発的，自治的に取り組むことを示している。

　第1の目標に掲げる資質・能力を育成するために，生徒会活動においては，例えば次のとおり資質・能力を育成することが考えられる。

○　生徒会やその中に置かれる委員会などの異年齢により構成される自治的組織における活動の意義について理解するとともに，その活動のために必要なことを理解し行動の仕方を身に付けるようにする。

○　生徒会において，学校全体の生活をよりよくするための課題を見いだし，その解決のために話し合い，合意形成を図ったり，意思決定したり，人間関係をよりよく形成したりすることができるようにする。

○　自治的な集団における活動を通して身に付けたことを生かして，多様な他者と協働し，学校や地域社会における生活をよりよくしようとする態度を養う。

中学校の生徒会活動においては，小学校での児童会活動で身に付けた資質・能力を基礎にし，生徒の自発的，自治的に活動する態度や能力を高めていくようにすることが必要であり，自主的，実践的に活動できる場や機会の計画的な確保も含めた学校の一貫した指導体制の下に運営される必要がある。

　その際，生徒の自主性，自発性をできるだけ尊重し，生徒が自ら活動の計画を立て，生徒がそれぞれの役割を分担し，協力し合って望ましい集団活動を進めるよう，教師が適切に指導することが大切である。

　生徒会活動は，全校の生徒が参加するものであるが，多くの活動の形があり，その関わり方によって生徒は様々なことを学び，体験する。このため，生徒会活動の学習過程を一つに言い表すことは難しいが，基本的には，特別活動の目標を踏まえて生徒会活動で育成される資質・能力は「問題の発見・確認，議題の設定」，「解決に向けての話合い」，「解決方法の決定」，「決めたことの実践」，「振り返り」といった実践も含めた全体の学習過程の中で育まれる。

　具体的には，例えば生徒総会において，生徒会として協力して取り組むべきことを合意形成して実践し，その成果等を踏まえて次の取組につなげたり，各種の委員会で取り組むことを決め，実践し，振り返って次の課題に向かったりするという活動が考えられる。いずれの活動においても，生徒が自発的，自治的な学級や学校の生活づくりを実感できるような一連の活動を意識して指導に当たる必要がある。生徒会活動の具体的な学習過程は，例えば次の表のように表すことができる。

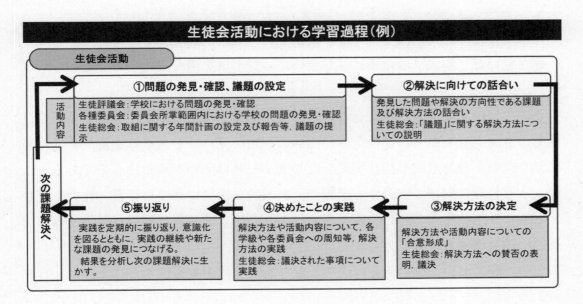

2 生徒会活動の内容

生徒会活動の内容については，学習指導要領第5章の第2の〔生徒会活動〕の2「内容」で，次のとおり示している。

> 1の資質・能力を育成するため，学校の全生徒をもって組織する生徒会において，次の各活動を通して，それぞれの活動の意義及び活動を行う上で必要となることについて理解し，主体的に考えて実践できるよう指導する。
>
> (1) 生徒会の組織づくりと生徒会活動の計画や運営
>
> 　生徒が主体的に組織をつくり，役割を分担し，計画を立て，学校生活の課題を見いだし解決するために話し合い，合意形成を図り実践すること。
>
> (2) 学校行事への協力
>
> 　学校行事の特質に応じて，生徒会の組織を活用して，計画の一部を担当したり，運営に主体的に協力したりすること。
>
> (3) ボランティア活動などの社会参画
>
> 　地域や社会の課題を見いだし，具体的な対策を考え，実践し，地域や社会に参画できるようにすること。

(1) 生徒会の組織づくりと生徒会活動の計画や運営

> 　生徒が主体的に組織をつくり，役割を分担し，計画を立て，学校生活の課題を見いだし解決するために話し合い，合意形成を図り実践すること。

この内容は，生徒が，生徒会において主体的に組織をつくり，役割を分担し，活動の計画を立てたり，学校全体の生活の課題を見いだし，それを解決するために話し合い，合意形成を図り実践したりする一連の活動を示したものである。このような目標に向けて実践する過程で，自治的な活動に必要な資質・能力を育むとともに，生徒相互の心の交流を深め，よりよい人間関係を形成し，集団への所属感や連帯感も育まれていく。

この内容においては，例えば次のとおり資質・能力を育成することが考えられる。

○　学校生活の充実と向上のために，生徒の総意によって目標を設定し，役員選挙等を通した組織作りや役割分担を行って協働して実行することの意義を理解し，そのために必要な計画や運営，合意形成の仕方などを身に付ける。

○ 生徒総会や各種の委員会において，学校生活の充実と向上のための課題や生徒の提案を生かした活動の計画について考え，課題解決の方法や役割の決定，その実践に取り組むことができるようにする。

○ 集団の形成者として，多様な他者と，互いの個性を生かして協力し，積極的に学校生活の充実と向上を図ろうとする態度を養う。

こうした資質・能力を生徒会活動において育成するためには，話合いを通して，学校生活をよりよくするための課題の解決に向けて自発的，自治的に取り組む活動を充実させることが必要である。そして，全校の生徒という大きな集団で話合いを行い，合意形成を図って実践していくためには，組織づくりが重要となる。

生徒会における組織等については，各学校の生徒の実態や特色をもって設置するものであるが，一般的には，生徒全員で話合いを行う「生徒総会」を置くとともに，「生徒評議会（中央委員会など）」といった審議機関，「生徒会役員会（生徒会執行部など）」や各種の「委員会（常設の委員会や特別に組織される実行委員会など）」などの組織から構成することが考えられる。

生徒会活動の教育効果を高めるためには，生徒がそれぞれの役割を分担し，活動の計画を立てて自主的に実践する場や機会が豊富であることが重要である。特に，中学校においては，小学校での児童会活動などの経験を基礎にし，生徒の自発的，自治的に活動する態度や能力を一層高めていくことが求められる。

そこで，生徒の自主性，自発性をできるだけ尊重し，生徒が自ら活動の計画を立て，協力し合って望ましい集団活動を進めるよう指導することが大切である。しかし，生徒の発達の段階からいってもその計画や運営は決して容易なことではない。また，生徒会活動は，その活動内容・範囲が極めて広いことから，生徒会活動を活性化し，その教育的価値を高めていくためには，教師の適切な指導と，活動に必要な場や機会の計画的な確保も含めた学校の一貫した指導体制の下に運営されることが大切である。

なお，生徒会長等の生徒会役員や各種委員会の委員長等の決定に当たっては，生徒会規則等に則って，公正な選挙等により選出されることが望まれる。生徒自らが，選挙管理規則等に従って役員選挙等を運営することにより，生徒会活動は，自治的な活動であるということを一層自覚することになる。ただし，小規模校等において，役員選挙への立候補・選挙という手順が適切でないと判断される場合は，生徒会規則等で適切な選出方法を明らかにし，生徒が主体的に取り組む工夫も大切である。

生徒会活動において，学校生活の改善を図る活動を全校生徒の課題として取り上げ，継続的に取り組むものとしては，例えば以下のような活動が考えられる。

○ 学校生活における規律とよき文化・校風の発展に関わる活動

○　環境の保全や美化のための活動

○　生徒の教養や情操の向上のための活動

○　よりよい人間関係を形成するための活動

○　身近な課題等の解決を図る活動　　　　　など

生徒会活動において，学校生活の改善に向けた議題を取り上げ，話し合って生徒会全体で取り組むことを合意形成したり，各種の委員会において，それぞれの委員会ごとに課題を設定して実践し，振り返って次の活動につなげていったりすることが考えられる。

また，生徒会活動は，それ自体一つの生徒の活動であるとともに，内容 (2)「学校行事への協力」も含め，学校内の様々な生徒の活動についての連絡調整に関する機能をもっており，これにより学校生活の充実・向上を導く生徒の諸活動を円滑に進めることに資するものである。生徒会の学校行事との関わりにおける各学級との連絡調整，放課後等に行われる生徒の自発的，自治的な活動としての部活動などの年間を通した活動の計画の調整，利用する施設設備，活動の時間などの調整が考えられる。

なお，いじめの未然防止や暴力などの問題を生徒会として取り上げる際には，学校として，このような生徒の主体的な活動を大切にしながら，学校と家庭や地域との連携・協力を積極的に進め，その解決に全力で当たることが必要である。

(2)　学校行事への協力

学校行事の特質に応じて，生徒会の組織を活用して，計画の一部を担当したり，運営に主体的に協力したりすること。

この内容は，日常の学習や経験を総合的に発揮し，その発展を図り，学校生活を豊かな実りあるものとするものである。

この内容においては，例えば次のとおり資質・能力を育成することが考えられる。

○　学校行事の意義を理解し，生徒会としての意見を生かすための組織や全校生徒の協働を図る仕組みづくりなどについて理解する。

○　学校行事の特質に応じて，生徒会としてどのような協力を行うことが学校行事の充実につながるか考え，話し合い，決めたことに協力して取り組んだり，生徒会の組織を活用した学校行事運営上の役割に取り組んだりできるようにする。

○　他の生徒と協力して，学校行事に協力する活動に取り組むことを通して，学校生活の充実と向上を図ろうとする態度を養う。

　具体的には，このような生徒会の活動に可能な範囲で取り組むことにより，活動の範囲が学校内外と広範囲になり，地域・社会における大人との人間関係や社会的なルールやマナーを学ぶことや，自分たちの活動の広がりや自主的な活動の必要性について実感することができるような指導が大切である。

　また，教師の適切な指導の下に，学校行事の企画や運営に関わる組織を中心として，生徒会の会員である生徒一人一人が自発的，自治的な活動として取り組むことが重要である。

　これらの指導を基にした学校行事を通して，学校との連絡・調整の仕方や，学級や学年を越えた異年齢集団による交流，地域の人々や幼児，高齢者，障害のある人々，外国出身者など多様な他者への配慮などに関わる資質・能力が身に付くばかりでなく，教師と生徒で一つの目標に向かって協働する中で，互いの信頼関係を深めたり，生徒一人一人が学校行事を創り上げていく主体者であるという意識を高めたりすることができる。そのためには，特に，事前の企画や準備，事後の振り返りを大切にすること，一部の生徒だけの活動ではなく，生徒一人一人が個性や興味・関心を生かして参画し，達成感や自己有用感をもつことができるような活動となるよう，適切に指導することが重要である。

(3)　ボランティア活動などの社会参画

> 　地域や社会の課題を見いだし，具体的な対策を考え，実践し，地域や社会に参画できるようにすること。

　この内容は，学校内での活動のほかに，地域のボランティア活動への参加，他校や地域の人々との交流など，学校外の活動がある。生徒会活動としては，まずは学校における生活をよりよくする活動を行うことが基本であるが，中学生の発達の段階から，生徒の関心が広く学校外の事象に向けられるようになることは望ましいことであり，そうした活動を通して生徒の自己有用感の醸成や学習意欲の向上が期待でき，生徒会活動がより充実したものとなることにもつながる。

　この内容においては，例えば次のとおり資質・能力を育成することが考えられる。

○　よりよい地域づくりのために自分たちの意見を生かし，主体的に社会参画するために必要なことを理解し，仕方を身に付ける。

○ 地域や社会の課題を解決するために，生徒会の組織を生かして取り組むことができる具体的な対策を考え，主体的に実践することができる。

○ 地域や社会の形成者として，地域や社会生活をよりよくしようとする態度を養う。

そのためには，社会における問題解決が社会を担う人々による合理的な意思決定や議論を通じた意見の集約，さらにはそれら自らの判断に基づく責任ある行動によってなされているということについて理解できるような指導が大切である。

生徒会活動は，地域の行事への参加や生徒会の呼び掛けによるボランティア活動や地域の課題解決に関わる活動として，例えば地域の福祉施設や社会教育施設等での様々なボランティア活動や，有意義な社会的活動への参加・協力（地域の文化・スポーツ行事，防災や防犯，交通安全など），幼児や児童，高齢者との交流，障害のある人々などとの交流や共同学習など，地域や学校の実態，生徒の関心などに応じて様々な活動が考えられる。具体的な活動の工夫としては，地域活性化や防災，教育・福祉，環境の保全・保護など地域が抱えている課題解決に向けた発表会やポスターセッション，パネルディスカッションなどを行うなどの活動が挙げられる。

また，生徒会活動である以上，地域・社会の課題の解決には自分たちで主体的に実践できるものとするよう，適切に指導することが大切である。例えば，地域や社会に対して要望や意見を一方的に主張することではなく，地域や社会の形成者としての自分たちに何ができるかということを話し合い実践できるようにすることが望まれる。

その際，例えば，他の中学校の生徒会や，異年齢の幼児児童生徒と協力して計画や運営に取り組むことも考えられる。また，活動を振り返るに当たって，自分たちの実践が課題解決等に役に立ったという実感がもてるよう，活動で関わった地域住民の声を取り上げるなどの工夫も望まれる。

こうした学校外の活動については，その教育的なねらいを十分に吟味し，学校の教職員全体の共通理解と適切な指導の下に，家庭や地域との連携・協力を十分に図りながら，生徒による主体的な活動として行われるよう指導・助言することが大切である。なお，生徒会活動は学校の教育活動の一環である以上，政治的中立性が求められるものであることにも留意する必要がある。

● 3　生徒会活動の指導計画

学習指導要領第5章の第3の1の（2）で，次のとおり示している。

(2) 各学校においては特別活動の全体計画や各活動及び学校行事の年間指導
　　計画を作成すること。その際，学校の創意工夫を生かし，学級や学校，地
　　域の実態，生徒の発達の段階などを考慮するとともに，第2に示す内容相
　　互及び各教科，道徳科，総合的な学習の時間などの指導との関連を図り，
　　生徒による自主的，実践的な活動が助長されるようにすること。また，家
　　庭や地域の人々との連携，社会教育施設等の活用などを工夫すること。

　生徒会活動の指導計画については，ここに示されたことを踏まえ，特に次のようなことに配慮して作成する必要がある。

(1)　学校の創意工夫を生かすとともに，学校の実態や生徒の発達の段階などを考慮し，生徒による自主的，実践的な活動が助長されるようにする

①学校の創意工夫を生かすこと

　生徒会活動の活動内容は多様であり，その実践により生徒の学校生活全般を活性化し，豊かにするとともに，学校外における様々な活動を通して学校と地域とを結び付ける役割も果たしている。それだけに，学校の創意工夫を生かし，地域の特色や生徒の実態に応じた指導計画を作成することが必要であり，それによって特色ある生徒会活動が展開され，学校生活が一層，充実・向上することになる。

　また，生徒が充実した学校生活を経験するためにも，自分たちの学校に愛着をもち，その学校への所属感を深めることは大切であり，生徒会活動では，それぞれの学校の特色を生かして，よりよい校風を確立し，継承し，発展させていくことが重要である。

②学校の実態や生徒の発達の段階などを考慮すること

　学校の規模をはじめ，教職員の組織や校務分掌，施設・設備などの諸条件や地域社会の実態などを考慮する必要がある。また，一部の生徒の活動にとどまることなく，一人一人の生徒に生徒会組織の形成者としての自覚をもたせるような指導計画を作成する必要がある。小学校の児童会活動で身に付けた態度や能力を生かすことができるよう，生徒の自発的，自治的な活動に関する知識や経験の程度，社会性や公共性に関わる資質や能力，態度なども十分に把握して実情に即した指導計画を工夫することが大切である。

　さらに，生徒の発達的な特徴を捉え，生徒の興味・関心，能力・適性に関する十分な生徒理解に基づいて，各学校における重点目標，指導の内容，活動の

方針などを明確にし，それに応じた指導計画を作成するようにすることが必要である。

③生徒による自主的，実践的な活動が助長されるようにすること

　生徒会活動においては，諸活動の特質に応じて，できるだけ生徒自らが活動計画を立てるように援助することが大切である。中学生という発達の段階から見れば，教師から与えられた計画に従うだけでは活動意欲が高揚しない。そこで，生徒会活動の各内容の特質に応じて，生徒による自主的，実践的な活動が助長されるよう指導することが必要である。しかし，生徒が最初から自主的，実践的に生徒会活動に取り組めるわけではない。小学校の児童会活動の成果を生かしたり，上級生のリーダーシップを生かしたりしながら，担当教師の適切な指導の下で，活動計画を立てさせることが大切である。

（2）　内容相互及び各教科，道徳科及び総合的な学習の時間などの指導との関連を図る

　各教科，道徳科，総合的な学習の時間，特別活動の学習活動は，それぞれ独自の教育的意義をもちながらも，相互に関連し合って，全体として学校の教育目標の達成を目指すものである。特別活動と各教科，道徳科，総合的な学習の時間などとの関連については，本解説第2章の第2節の4において述べているが，生徒会活動の指導計画の作成に当たっては，例えば，生活委員会やボランティア委員会，新聞委員会など各種の委員会の活動方針や計画の作成等において，道徳科や各教科，総合的な学習の時間との関連を図り，活動のねらいを明確にしたり，活動する内容に広がりをもたせたりすることが大切である。

　また，特別活動の内容相互の関連としては，以下のようなことが考えられる。

①学級活動との関連

　学級活動の話合い活動などを通して育成した資質・能力は，自発的，自治的な活動を行う上で基本となるものである。こうした資質・能力を，生徒評議会や各種の委員会における話合いや日常の取組などに生かすことができる。

　学級活動で，生徒は生活上の諸問題について積極的に話し合ったり，学級内の役割分担の経験を積んだり，生活を改善したりする。この過程において，自発的，自治的な活動を助長するための指導を適切に行うことで生徒会活動も活発になり，学級や学校の生活をより一層充実したものにしていくのである。

②学校行事との関連

　学校行事については，生徒会活動の内容（2）「学校行事への協力」において，それぞれの内容の特質や育成を目指す資質・能力を踏まえ，生徒会が学校行事に協力することにより，生徒会活動及び学校行事の充実に資することも考えられる。

(3)　家庭や地域の人々との連携，社会教育施設等の活用などを工夫する

　生徒会活動は，校内の活動はもとより，校外にも目を向けて，自主的，実践的に活動することに教育的意義がある。そこで，必要に応じて，校内の活動のみでなく，他校との相互交流を図ったり，地域社会との連携を深めたりするなど，校外での活動への広がりを図るようにすることが重要である。

　そのためには，各学校が，家庭や地域との連携を深め，その教育力の活用を図ったり，地域の自然や文化・伝統を生かしたり，社会教育施設等を活用した教育活動を展開していくことが必要である。

(4)　生徒指導との関連を図る

　指導計画の作成に関わって，学習指導要領第5章の第3の1で，次のとおり示している。

---

(3) 学級活動における生徒の自発的，自治的な活動を中心として，各活動と学校行事を相互に関連付けながら，個々の生徒についての理解を深め，教師と生徒，生徒相互の信頼関係を育み，学級経営の充実を図ること。その際，特に，いじめの未然防止等を含めた生徒指導との関連を図るようにすること。

　生徒会活動においては，教師と生徒及び生徒相互の好ましい人間関係を深めるようにし，生徒が自主的に判断，行動し積極的に自己を生かしていくことができるように配慮することが大切である。特に生徒会活動が行われる諸集団において生徒一人一人が何らかの役割をもち，自己の責任や判断に基づいて仕事を遂行し，充実感や存在感を味わうための援助ができるような指導計画を作成する必要がある。

　また，生徒会活動においては，様々な組織や集団に分かれて活動することが多いが，学級や年齢が互いに異なる成員による活動であり，生徒は様々な悩みや問題を抱えることも少なくない。したがって，担当教師と学級担任教師とが連携して教育相談を行えるように配慮して計画を作成することが大切である。

(5) 年間指導計画の作成

　生徒会活動の指導は，各種の教育活動や生徒の学校生活の流れなどとの関連を図りながら学校全体として計画的に展開されていく必要があるため，指導計画においては学校の教育活動全体の流れを明確にし，生徒自らが活動計画を作成できるよう配慮することが必要である。

　そのため，指導計画の作成に当たっては，各組織別の指導の方針を明確にするとともに，生徒が作成する各組織の活動計画を十分に配慮に入れて，全教職員の共通理解と協力を基盤に指導計画を作成することが大切である。また，生徒の発達的な特徴を捉え，生徒の希望や関心を知り，それに応じた指導計画を作成するとともに，必要に応じて，校内の活動のみでなく，他校との相互交流を図ったり，地域社会との連携を深めたりするなど，校外での活動への広がりを図る指導計画の作成にも留意することが望まれる。

　生徒会活動の年間指導計画に示す内容としては，次のものが考えられる。

- ○　学校における生徒会活動の目標
- ○　生徒会の組織と構成
- ○　活動時間の設定
- ○　年間に予想される主な活動
- ○　活動場所
- ○　活動に必要な備品，消耗品
- ○　危機管理や指導上の留意点
- ○　生徒会役員会，各委員会を指導する教職員の指導体制
- ○　評価　　など

(6) 生徒会の組織

　生徒会の組織は各学校の実情に即して作られるため，その名称や内容については学校により違いがあるが，一般的には，「生徒総会」及び「生徒評議会（中央委員会など）」，「生徒会役員会（生徒会執行部など）」，「各種委員会（常設の委員会や特別に組織される実行委員会など）」などの組織から成り立っている場合が多い。これらの組織の役割は，おおむね次のとおりとなっている。

　「生徒総会」は，全校の生徒による生徒会の最高審議機関であり，年間の活動計画の決定，年間の活動の結果の報告や承認，生徒会規約の改正など，全生徒の参加の下に，生徒会としての基本的な事項についての審議を行う。

　「生徒評議会」は，生徒総会に次ぐ審議機関として，生徒会に提出する議案などの審議，学級や各種の委員会から出される諸問題の解決，学級活動や部活動などに関する連絡調整など，生徒会活動に関する種々の計画やその実施の審議に当た

る。

「生徒会役員会」は，年間の活動の企画と計画の作成，審議を必要とする議題の提出，各種の委員会の招集など，生徒会全体の運営や執行に当たる。また，学校の生徒を代表する組織として，様々な取組の推進的な役割を担ったり，学校のよさや特徴などの情報を学校外に発信するなどの役割を担ったりする。

「各種の委員会」は，例えば，生活規律に関する委員会，健康・安全や学校給食に関する委員会，ボランティアに関する委員会，環境美化に関する委員会，さらに合唱祭や文化祭，体育祭などの実行委員会など，学校の実情や伝統によって種々設けられ，生徒会活動における実践活動の推進の役割を担っている。

このように生徒会の組織は，学校の全生徒に関わる広がりをもち，その運営は学級活動や他の生徒の諸活動とも深く関連するなど多面的である。生徒会活動の教育効果を高めるためには，生徒がそれぞれの役割を分担し，活動の計画を立てて自主的に実践する場や機会が豊富であることが重要である。特に，中学校においては，小学校での児童会活動などの経験を基礎にし，生徒の自発的，自治的に活動する態度や能力を高めていくことが求められる。そこで，生徒の自主性，自発性をできるだけ尊重し，生徒が自ら活動の計画を立て，協力し合って望ましい集団活動を進めるよう指導することが大切である。しかし，生徒の発達の段階からいってもその計画や運営は決して容易なことではない。また，生徒会活動は，その活動内容・範囲が極めて広いため，生徒会活動を活性化し，その教育的価値を高めていくためには，教師の適切な指導と，活動に必要な場や機会の計画的な確保も含めた学校の一貫した指導体制の下に運営される必要がある。

(7) 生徒会活動に充てる授業時数

学習指導要領第1章総則の第2の3で，次のとおり示している。

---

(2) 授業時数等の取扱い

　イ　特別活動の授業のうち，生徒会活動及び学校行事については，それらの内容に応じ，年間，学期ごと，月ごとなどに適切な授業時数を充てるものとする。

生徒会活動については，生徒の自主性，社会性の伸長に深く結び付く活動であり，教師の適切な指導の下に，生徒の異年齢集団による自発的，自治的な活動を一層活発に行えるようにするため，学級活動との関連も図りつつ，活動に必要な場や機会について年間を通じて計画的に確保するよう留意すべきである。

そのためには，例えば，各種の委員会の話合いの時間を，放課後等に定期的に

設定するなど，生徒会活動の活性化を図る取組が重要である。また，活動計画を全校生徒に周知していく機会を設けていくことも大切である。学校全体，あるいは学年などを単位とした適切な指導計画と授業時数を充てることが大切であり，学校の創意工夫が望まれる。

　また，生徒会役員選挙等では，選挙管理規則の周知，立候補に関する事務処理，選挙活動，立会演説会，投開票等に必要な時間を適切に充てる工夫が必要である。

●4　生徒会活動の内容の取扱い

学習指導要領第5章の第3の2の（1）で，次のとおり示している。

（1）学級活動及び生徒会活動の指導については，指導内容の特質に応じて，教師の適切な指導の下に，生徒の自発的，自治的な活動が効果的に展開されるようにすること。その際，よりよい生活を築くために自分たちできまりをつくって守る活動などを充実するよう工夫すること。

（1）　生徒の自発的，自治的な活動が効果的に展開されるようにする

　生徒会活動は，「生徒の自発的，自治的な活動が効果的に展開されるようにする」必要がある。具体的には，生徒が教師の適切な指導の下に，全校の生徒の活動であることを理解し，学校の諸問題について話し合い，生徒評議会や各種の委員会として意見をまとめ，合意形成したことについて自己の責任を果たし，実現できるようにする活動の機会を適切に設定することである。また，その活動内容が活発に展開できるように指導する必要がある。その際，学校全体の生活をよりよくするために自分たちできまりをつくって守る活動などを充実することも大切である。

　このことは，将来，多様な他者と協働しながら，地域の課題を自分のこととして捉えて主体的にその解決に関わり，社会に積極的に関わっていくために必要な資質・能力を育成するという主権者教育の視点からも重要である。

　ここでの「適切な指導」とは，生徒の自発的，自治的な活動を助長する指導である。生徒会の役割や意義を生徒に十分理解させるよう指導するとともに，生徒を中心に置き，必要な情報や資料を十分に提供し，生徒の自主的な活動を側面から援助することが大切であり，受容的な態度で，根気よく継続して指導を続けることが必要である。また，活動の過程にあって起こってくる様々な問題や困難への対応についても，適切な指導を与えるようにすることが必要である。

また一方，この自発的，自治的な活動は特別活動の目標の達成のために必要な学習活動の形態の一つであり，その活動には，一定の制限や範囲があることについても生徒に理解させ，必要な場合には的確な助言や指示を行うなど適切に指導をしていくことが大切である。このような指導が効果的に行われていくためには，日頃から教師と生徒との触れ合いを深め，信頼関係を築いていくことが大切である。

生徒会活動においては，学校生活における課題を解決したり，学校生活をよりよくしたりするための，生徒の自発的，自治的な諸活動を充実させる必要がある。そのためには，生徒会を構成する各組織が，校内の生活規律の充実や美化活動，あいさつ運動や遅刻防止運動など，具体的な目標を立て，よりよい学校生活づくりに参画するような取組を推進することが必要である。

①集団としての意見をまとめるなどの話合い活動を充実する

集団における諸活動を充実させるためには，民主的な手続きとしての話合い活動により，集団の総意の下に取り組むことが大切である。集団としての意見をまとめるなどの話合い活動の充実は，生徒会活動に生徒が自発的，自治的に取り組んだという自信と意欲につながることから，話合いの意義や内容，方法，手順などを集団の成員が共通理解できるように，教師が適切に指導することが大切である。

集団としての意見をまとめるためには，集団の成員に方針を周知するとともに，集団全体の意見を吸い上げなければならない。そうした話合い活動を進めていくためには，小学校での学級活動や児童会活動における話合い活動の経験を生かすとともに，担当の教師の指導の下，生徒会役員や各種の委員会の委員長等がリーダーシップを十分発揮して，話合いの準備を進める必要がある。そのため，生徒会のリーダー研修会や会議運営の講習会等を計画的に実施していくことも考えられる。

また，生徒総会や行事等の実行委員会，各種の委員会での話合い活動を充実させるためには，各学級における話合い活動が重要な役割を担うことになる。そのためにも，生徒会活動と学級活動とを十分に関連させながら指導することが大切である。

②自分たちできまりをつくって守る活動を充実する

中学生期には，規範意識の社会的意義を十分に理解し，主体的に集団のルールをつくり，守ることが求められてくる。学校生活上の問題を解決するために，学校生活を充実・改善するために，また自主的な学校生活の充実と向上のため

に，きまりをつくることが大切である。自分たちが，学校や学年のきまりをつくって守る活動を行うことで，自発的，自治的に活動に取り組む態度が育ち，次の活動への自信と意欲にもつながる。そこで，学校生活における課題を解決するための活動や，学校生活を充実・向上させるための実践的な活動などを，教師の適切な指導の下で，生徒会役員会や各種の委員会及び学級などが連携し合って創意工夫していくようにすることが大切である。

　具体的には，学校生活の規律を守るためのきまり，校内の美化を保持するためのきまりなどをつくって守る活動が考えられるが，これらの活動は，各種の委員会や学年などの限られた集団だけで取り組むのではなく，生徒会全体として生徒一人一人ができることは何かを考えていくことが大切で，それが生徒の役割の自覚と責任の遂行につながる。ここでも教師の働きかけが重要で，担当の教師同士が連携し，生徒が自主的，自発的に活動していると実感できる指導が必要である。

③人間関係を形成する力を養う活動を充実する

　生徒会活動は，学級や学年の枠を越えて，異年齢の人と関わるという特質をもっている。具体的には，生徒総会や各種の委員会など，他の学年の人と関わる活動，ボランティア活動など，学校外の人と関わる活動が考えられる。こうした活動を生徒が自発的，自治的に行うことを通して，学校生活をより豊かな充実したものにするとともに，生徒一人一人が人間関係の構築や自主性，自発性の伸長を図り，自主的，実践的な態度を高め，豊かな人間形成を図っていくことが望まれる。

　そこで，生徒会の活動においても，人との関わりや人の生き方を学ぶなど，人間関係を形成する力を養う活動を意識して指導することが大切である。そのためには，リーダー研修会や各種委員会で社会的な礼儀・作法等の向上に関わる研修，そのための広報活動の充実などの工夫も考えられる。

（2）　内容相互の関連を図るようにする

　自発的，自治的な活動が積極的に展開されるためには，第一に，活動に必要な場や機会について年間を通じて計画的に確保できるよう各学校が工夫することが大切である。例えば，「生徒総会」や「生徒会役員選挙」，「新入生を迎える会」や「卒業生を送る会」などの生徒会の行事は，その準備の時間も含め，学級活動や学校行事などとの関連も図って，学校の年間計画の中に位置付けることも必要となる。また，生徒評議会や各種の委員会の活動については，学級活動との関連を図り，特定の曜日などを決めて開催したり，その活動内容を発表する機会をもつよ

うにしたりするなどの工夫が一層必要である。さらに，学校生活の充実や改善・向上を図るためのボランティア活動などについても，学校の創意を生かし内容相互の関連を図るような工夫が大切である。

(3) 異年齢集団による交流
学習指導要領第5章の第3の2で，次のとおり示している。

> (4) 異年齢集団による交流を重視するとともに，幼児，高齢者，障害のある人々などとの交流や対話，障害のある幼児児童生徒との交流及び共同学習の機会を通して，協働することや，他者の役に立ったり社会に貢献したりすることの喜びを得られる活動を充実すること。

生徒会活動としては，生徒総会や各種の委員会など校内における「異年齢集団による交流」と，地域のボランティア活動への参加，他校との交流，地域の人々との交流など，生徒の学校生活全体の充実・向上に結び付くような校外の活動も，その活動内容として挙げられる。

もちろん，生徒会活動としては，学校内の活動がまず挙げられるが，中学生の発達の段階から見て，生徒の関心が広く学校外の事象に向けられるようになることは望ましいことである。

特に，ボランティア活動や地域の人々との幅広い交流など社会貢献や社会参画に関する活動は，生徒が地域社会の形成者であるということの自覚と役割意識を深め，人間尊重の精神に立って社会の中で共に生きる豊かな人間性を培うとともに，自分を見つめ直し自己実現に向かって人生を切り拓く力を育む上で大切な活動である。

具体的な活動の工夫としては，生徒会の呼び掛けなどによるボランティア活動，例えば，地域の福祉施設や社会教育施設等での様々なボランティア活動，また，有意義な社会的活動への参加・協力（地域の文化・スポーツ行事，防災や交通安全など），さらに，学校間の交流，幼児や高齢者との交流，障害のある人々などとの交流及び共同学習など，地域や学校，生徒の実態に応じて多様な活動が考えられる。

こうした学校外の活動については，その教育的ねらいを十分に吟味し，学校の教職員全体の共通理解と適切な指導の下に，家庭や地域との連携・協力を十分に図りながら，生徒の自主的，自発的な活動が助長されることが必要である。

なお，小学校における児童会活動と異なり，異年齢集団による交流を独立した内容として設定していないのは，児童会活動が，児童の発達の段階を考慮して，

主として高学年が運営の中心となって全校児童が参加するものとしているもので
あるのに対し，生徒会活動は児童会活動の経験を基に，全校の生徒が運営等に関
わるものであり，生徒会の活動全体において異年齢の協力により実施するもので
あることが前提となっているからである。

(4)　その他の指導上の留意事項

生徒会活動の指導に当たっては，次の事項についても留意することが大切であ
る。

ア　教師の適切な指導の下に，生徒が主体的に考え，判断し，自主的に実践し，
　さらに活動の結果についても自ら評価し，生徒会活動全体の充実や改善・向
　上を図ることができるようにすること。このため，生徒会の各組織が活動計
　画を作成する際には，各学級などの意見を十分に取り入れるようにすること。

イ　生徒会の組織は，学校や生徒の実態に即して適切に定め，個々の生徒のも
　つ考えや意見を十分に反映し，学校生活における規律と，望ましい校風を築
　く活動となるようにすること。なお，生徒会役員選挙等では，選挙管理全般
　を生徒自らが主体的に行えるよう工夫し，生徒が生徒会の一員としての自覚
　を高められるような活動が重要である。

ウ　生徒会活動においては，一部の生徒の活動にとどまることなく，一人一人
　の生徒に生徒会組織の一員としての自覚をもたせ，小学校での児童会活動で
　身に付けた態度や能力を基礎にし，生徒の自発的，自治的に活動する態度や
　能力を高めていくようにすること。また，活動内容・範囲が広いため，自主
　的，実践的に活動できる場や機会の計画的な確保も含めた学校の一貫した指
　導体制の下に運営すること。

エ　活動の計画や内容は，生徒会の会報や生徒会だよりの発行，校内放送や掲
　示板の活用などの広報活動を通して，常に全校生徒に周知するとともに，新
　入生に対して，生徒会活動への理解を深める機会を設けるなど，生徒会活動
　についての関心や意識を高めるように工夫すること。

オ　全校又は学年の集会活動を計画する際には，各学級の意見や希望を尊重す
　る。さらに，生徒それぞれの役割を分担するとともに，参加する生徒に集会
　のねらいを明確に示し，協力し合って望ましい集団活動が進められるように
　すること。

カ　生徒会役員会や各種の委員会等における活動目標の設定や活動計画の作
　成，実施方法の決定などが，生徒の自発的，自治的な活動として適正に行わ
　れるよう適切な指導を行うこと。

キ　生徒会活動のねらいが達成できるよう，生徒会活動と，学級活動及び学校

行事等との関連を十分に図るようにすること。

ク　教職員の協力体制を確立するとともに，活動内容に応じて，積極的に家庭
や地域との交流が進められるよう適切に指導すること。また，学校外の活動
では，生徒の安全配慮に十分留意すること。

第3節　学校行事

1　学校行事の目標

　学校行事の目標は，学習指導要領第5章の第2の〔学校行事〕の1「目標」で次のとおり示している。

> 　全校又は学年の生徒で協力し，よりよい学校生活を築くための体験的な活動を通して，集団への所属感や連帯感を深め，公共の精神を養いながら，第1の目標に掲げる資質・能力を育成することを目指す。

　学校行事は，全校又は学年という大きな集団を単位として行われる活動である。「全校又は学年の生徒で協力し」とは，学校行事が，学級の集団だけではなく，全校や学年などの大きな集団で，生徒が協力して行う活動であることを示している。ここで言う「全校又は学年」とは，例えば，学級の集団だけではなく，全校や学年の生徒を成員とした大きな集団で行う活動であることを示し，異なる複数の学年を組み合わせた異学年で構成される集団で行うものなど様々な形が含まれる。これらの集団において，学校行事の事前の計画・準備・実践・事後の活動に分担して取り組んだり，活動をよりよくするための意見や考えを出し合って話し合ったり，課題や困難な状況を乗り越え，解決したりすることを示している。

　「よりよい学校生活を築くための体験的な活動」とは，日常の学校生活に秩序と変化を与え，学校生活を更に充実，発展させるための実践を通して，地域や自然と関わったり，多様な文化や人と触れ合ったりすることを示している。

　「集団への所属感や連帯感を深め」とは，学校行事の実践において，学年や全校というより大きな集団の構成者であることを自覚し，集団における人と人との触れ合いやつながりを深めていくことを示している。

　「公共の精神を養い」とは，学校行事において，個人の尊厳が重んじられるとともに，他者を重んじる態度を養い，主体的にその形成に参画することを示している。また，この「公共の精神を養い」は，教育基本法第二条（教育の目標）第三号の「公共の精神に基づき」を受けて，第1章総則の第1の2の（2）において「公共の精神を尊び」と表されたことと併せて位置付けられた。

　学校行事においては，例えば次のとおり資質・能力を育成することが考えられる。

　○　各学校行事の意義について理解するとともに，行事における活動のために必要なことを理解し規律ある行動の仕方や習慣を身に付けるようにする。

○ 学校行事を通して集団や自己の生活上の課題を結び付け，人間としての生き方について考えを深め，場面に応じた適切な判断をしたり，人間関係や集団をよりよくしたりすることができるようにする。

○ 学校行事を通して身に付けたことを生かして，集団や社会の形成者としての自覚を持って多様な他者を尊重しながら協働し，公共の精神を養い，よりよい生活をつくろうとする態度を養う。

学校行事においては，全校又は学年の生徒で協力して行う，よりよい学校生活を築くための体験的な活動を通して身に付けたことを生かして，学校や社会への所属意識をもち，多様な他者を尊重し，協働してよりよい生活づくりに参画しようとする連帯感を養うことができる。学校集団としての活力を高め，生徒の学校生活に張りをもたせることができる。さらには，学校の文化や伝統及びよりよい校風をつくり，愛校心を高めることにもつながる。

学校行事は，学校が計画し実施するものであるとともに，各種類の行事に生徒が積極的に参加し協力することによって充実する教育活動である。したがって，一連の過程を通して，学校行事の意義を十分に理解した上で，教師の適切な指導により，行事の特質や，生徒の実態に応じて，生徒の自主的な活動を助長することが大切である。

学校行事は，それぞれ異なる意義をもつ行事の総体であるため，育成される資質・能力や，その過程も様々である。学校行事の目標に掲げられている資質・能力は，「行事の意義の理解」，「計画や目標についての話合い」，「活動目標や活動内容の決定」，「体験的な活動の実践」，「振り返り」といった実践も含めた全体の学習過程の中で育まれると言える。

全校や学年などの大きな集団の中で，生徒自身が，学校生活の充実を図り，人間関係をよりよく形成するという学校行事の意義を理解した上で，目標を設定したり課題を見いだしたりする。また，その課題の解決を目指し，考え，話し合い，全校や学年などの大きな集団による活動や体験的な活動に，自主的，実践的に協力して取り組む。さらに，実践したことを振り返って自他のよさに気付き，認め合ったり，新たな課題を見いだしたりするなど，人間としての生き方についての自覚を深め，学校生活の更なる向上を目指していく。

こうした学校行事の具体的な活動の過程は，例えば次のように表すことができる。

学校行事における学習過程（例）

学校行事

| ①行事の意義の理解 | ②計画や目標についての話合い |

活動内容

①行事の意義の理解
各行事（儀式的行事、文化的行事、健康安全・体育的行事、旅行・集団宿泊的行事、勤労生産・奉仕的行事）の意義の理解。
現状の把握、課題の確認、目標の設定を行う。

②計画や目標についての話合い
各行事について活動目標、計画、内容、役割分担などについて話し合う。

次の活動や課題解決へ

⑤振り返り
活動を振り返り、まとめたり発表し合ったりする。
実践の継続や新たな課題の発見につなげる。
結果を分析し次の行事や次年度の行事に生かす

④体験的な活動の実践
他者と力を合わせて実践する。
※行事により、生徒会活動と連携を図るなど、自主的に運営する。

③活動目標や活動内容の決定
活動目標や計画、内容について「合意形成」や「意思決定」を図る。

2　学校行事の内容

　学習指導要領第5章の第2の〔学校行事〕の2「内容」で，次のとおり示している。

　1の資質・能力を育成するため，全ての学年において，全校又は学年を単位として，次の各行事において，学校生活に秩序と変化を与え，学校生活の充実と発展に資する体験的な活動を行うことを通して，それぞれの学校行事の意義及び活動を行う上で必要となることについて理解し，主体的に考えて実践できるよう指導する。

（1）儀式的行事

　　学校生活に有意義な変化や折り目を付け，厳粛で清新な気分を味わい，新しい生活の展開への動機付けとなるようにすること。

（2）文化的行事

　　平素の学習活動の成果を発表し，自己の向上の意欲を一層高めたり，文化や芸術に親しんだりするようにすること。

（3）健康安全・体育的行事

　　心身の健全な発達や健康の保持増進，事件や事故，災害等から身を守る安全な行動や規律ある集団行動の体得，運動に親しむ態度の育成，責任感や連帯感の涵養，体力の向上などに資するようにすること。

（4）旅行・集団宿泊的行事

　　平素と異なる生活環境にあって，見聞を広め，自然や文化などに親しむ

とともに，よりよい人間関係を築くなどの集団生活の在り方や公衆道徳などについての体験を積むことができるようにすること。
（5）勤労生産・奉仕的行事
　　勤労の尊さや生産の喜びを体得し，職場体験活動などの勤労観・職業観に関わる啓発的な体験が得られるようにするとともに，共に助け合って生きることの喜びを体得し，ボランティア活動などの社会奉仕の精神を養う体験が得られるようにすること。

　この「体験的な活動」，あるいは「学校生活に秩序と変化を与え」とは，他の教育活動では容易に得られない教育的価値を実現する内容としての学校行事の特質を述べたものである。特に，学校行事における様々な体験は，生徒の心を育て，自己の生き方についての考えを深め，自己実現を図ろうとする態度を育む機会になるとともに，学級集団はもとより学年や全校の集団を育成し，よりよい人間関係を形成する上でも効果的な場となる。

　また，この体験的な活動は，ともすると単調になりがちな学校生活に望ましい秩序と変化を与え，折り目を付け，より生き生きとした生活を実現することになる。

　学校行事の種類には，それぞれの意義や特質がある。各行事の実施に当たっては，生徒が各行事の意義や活動を行う上で必要となることについて理解するとともに，自分の目標を意識して体験的な活動に参加し，主体的に考えて実践できるよう，事前に十分な指導を行う必要がある。

　「学校生活の充実と発展」は，学校行事だけで達成できるものではない。学校行事も他の教育活動と相まって中学校教育の目標の達成を目指すものである。したがって，学校行事が他の教育活動における学習なり経験なりを総合的に取り入れ，その発展を図り，効果的に展開されるようにする必要がある。また，日常の各教科等の学習を充実したものにすることによって学校行事も成果をあげ，学校教育全体の調和を図り真に学校生活を豊かな実りあるものにするのである。

　これらのことを踏まえ，学習指導要領には，全ての学年で取り組むべき次の五つの種類の内容を示している。それぞれの種類の行事のねらいや実施上の留意点は次のとおりであるが，生徒の入学から卒業までを見通した学校としての全体的な計画の下に実施することが必要である。

（1） 儀式的行事
①儀式的行事のねらいと内容

学校生活に有意義な変化や折り目を付け，厳粛で清新な気分を味わい，新しい生活の展開への動機づけとなるようにすること。

儀式的行事のねらいは，次のとおり考えられる。

生徒の学校生活に一つの転機を与え，生徒が相互に祝い合い励まし合って喜びを共にし，決意も新たに新しい生活への希望や意欲をもてるような動機付けを行い，学校，社会，国家などへの所属感を深めるとともに，厳かな機会を通して集団の場における規律，気品のある態度を育てる。

儀式的行事においては，例えば次のとおり資質・能力を育成することが考えられる。

○　儀式的行事の意義や，その場にふさわしい参加の仕方について理解し，厳粛な場における儀礼やマナー等の規律や気品のある行動の仕方などを身に付けるようにする。

○　学校生活の節目の場において先を見通したり，これまでの生活を振り返ったりしながら，新たな生活への自覚を高め，気品ある行動をとることができるようにする。

○　厳粛で清新な気分を味わい，行事を節目としてこれまでの生活を振り返り，新たな生活への希望や意欲につなげるようとする態度を養う。

儀式的行事は，一般的に全校の生徒及び教職員が一堂に会して行う教育活動であり，その内容には，入学式，卒業式，始業式，終業式，修了式，立志式，開校記念に関する儀式，新任式，離任式などが考えられる。

②実施上の留意点

ア　儀式的行事は学校の教育目標との関連を図り，実施する個々の行事のねらいを明確にし，行事を通して育成する資質・能力を系統的・発展的に整理するなどの配慮が必要である。また，これを生徒に十分に理解させるとともに，できる限り生徒会と連携し，生徒にいろいろな役割を分担させ，使命感や責任感の重要さについての自覚を深める機会とする。

イ　儀式的行事の教育効果は，生徒の参加意欲とその儀式から受ける感銘の度合いによって大きく左右される。したがって，いたずらに形式に流れたり，厳粛な雰囲気を損なったりすることなく，各行事のねらいを明確にし，絶え

ず行事の内容に工夫を加えることが望ましい。

ウ　儀式の種類によっては，単に学校や地域社会の一員としての連帯感の育成
　　にとどまらず，国民としての自覚を高めるとともに，広く国際理解や人類愛
　　の精神の涵養に役立つ機会とする。

エ　入学式や卒業式などにおいては，国旗を掲揚し，国歌を斉唱することが必
　　要である。その取扱いについては，本解説第4章第3節「入学式や卒業式な
　　どにおける国旗及び国歌の取扱い」を参照されたい。

オ　行事参加への心構えや，行事を主体的に受け止め，自己の生活改善のきっ
　　かけにできるよう，事前の準備の段階からの指導の工夫が必要である。

(2)　文化的行事
①文化的行事のねらいと内容

> 平素の学習活動の成果を発表し，自己の向上の意欲を一層高めたり，文化
> や芸術に親しんだりするようにすること。

　文化的行事のねらいは，次のとおり考えられる。

　生徒が学校生活を楽しく豊かなものにするため，互いに努力を認めながら協
力して，美しいもの，よりよいものをつくり出し，互いに発表し合うことによ
り，自他のよさを見付け合う喜びを感得するとともに，自己の成長を振り返り，
自己のよさを伸ばそうとする意欲をもつことができるようにする。また，多様
な文化や芸術に親しみ，美しいものや優れたものに触れることによって豊かな
情操を育てる。

　文化的行事においては，例えば次のとおり資質・能力を育成することが考え
られる。

○　他の生徒と協力して日頃の学習や活動の成果を発表したり，美しいもの
　　や優れたものを創り出し，自ら発表し合ったり，芸術的なものや伝統文化
　　を鑑賞したりする活動に必要な知識や技能を身に付けるようにする。

○　他の生徒と協力して日頃の学習や活動の成果を発表したり，美しいもの
　　や優れたもの，芸術的なものや地域や我が国の伝統文化に触れたりして，
　　自他の個性を認め，互いに高め合うことができるようにする。

○　生涯にわたって，多様な文化芸術に親しむとともに，集団や社会の形成
　　者として伝統文化の継承や新たな文化の創造に寄与しようとする態度や，
　　自己の成長を振り返り，自己を一層伸長させようとする態度を養う。

文化的行事には，生徒が各教科等における日頃の学習や活動の成果を総合的に発展させ，発表し合い，互いに鑑賞する行事と，外部の文化的な作品や催し物を鑑賞するなどの行事とがある。前者には，文化祭，学習発表会，音楽会（合唱祭），作品発表会などがあり，後者には，音楽鑑賞会，映画や演劇の鑑賞会，伝統芸能等の鑑賞会や講演会などが考えられる。

②実施上の留意点

ア　日頃の学習活動の成果の発表を通して，各教科などで習得した知識や技能を更に深めさせるとともに，発表する能力を育てたり，他者の発表等を見たり聞いたりする際の望ましい態度を養うこと。また，自己の成長を振り返り，自己を一層伸長させようとする意欲を高める自己評価の在り方を工夫すること。

イ　様々な文化的な活動を通して個性を伸ばし，自主性，創造性を高めるとともに，目的に向かい協力してやり遂げることにより成就感や連帯感を味わい，責任感と協力の態度を養うこと。また，異学年相互の交流を図りながら，学校独自の文化と伝統を継承し，特色ある学校づくりを推進するとともに，生徒の学習活動の成果を学校の内外で発表することにより，家庭や地域の人々との交流を深め，学校への理解と協力を促進する機会とすること。

ウ　本物の文化や芸術に直接触れる体験を通して，情操を高め，豊かな教養の育成に資するとともに，生涯にわたって，文化や芸術に親しんだり，集団や社会の一員として伝統文化の継承に寄与しようとしたりする態度を育むこと。

エ　生徒の発達の段階や実態に配慮し，生徒の希望や意見を生かし，この行事の一部については，生徒が自ら活動の計画を立て，意欲的に活動できるように援助することが大切である。

オ　文化的行事の中には，事前の準備や事後の片付けにある程度の時間を必要とするものもあるが，生徒に過重な負担の掛かることのないように配慮するとともに，秩序ある活動を進め，調和のとれた指導計画を作成する必要がある。

（3）　健康安全・体育的行事
①健康安全・体育的行事のねらいと内容

　健康安全・体育的行事については，学習指導要領第5章の第2で，次のとおり示している。

心身の健全な発達や健康の保持増進，事件や事故，災害等から身を守る安全な行動や規律ある集団行動の体得，運動に親しむ態度の育成，責任感や連帯感の涵養，体力の向上などに資するようにすること。

　健康安全・体育的行事のねらいは，次のとおり考えられる。

　生徒自らが自己の発育や健康状態について関心をもち，心身の健康の保持増進に努めるとともに，身の回りの危険を予測・回避し，安全な生活に対する理解を深める。また，体育的な集団活動を通して，心身ともに健全な生活の実践に必要な習慣や態度を育成する。さらに，生徒が運動に親しみ，楽しさを味わえるようにするとともに体力の向上を図る。

　健康安全・体育的行事においては，例えば次のとおり資質・能力を育成することが考えられる。

○　心身の健全な発達や健康の保持増進，事件や事故，災害等の非常時から身を守ることの意義を理解し，必要な行動の仕方などを身に付ける。また，体育的な集団活動の意義を理解し，規律ある集団行動の仕方などを身に付けるようにする。

○　自己の生活を振り返り，健康，安全，防災，運動や体力の向上に関する課題と解決策について考え，他者と協力して，適切に判断し行動することができるようにする。また，運動することのよさについて考え，集団で協力して取り組むことができるようにする。

○　生涯にわたって，心身ともに健康で安全な生活を実践したりしようとする態度を養う。また，運動に親しみ，体力の向上に積極的に取り組もうとする態度を養う。

　健康安全・体育的行事としては，健康診断，薬物乱用防止指導，防犯指導，交通安全指導，避難訓練や防災訓練，健康・安全や学校給食に関する意識や実践意欲を高める行事，運動会（体育祭），競技会，球技会などが考えられる。

②実施上の留意点

ア　健康安全に関する行事において，例えば，健康診断を実施する場合には，健康診断や健康な生活のもつ意義，人間の生命の尊さ，異性の尊重，健康と環境との関連などについて，学級活動，生徒会活動及び各教科，道徳などの内容との密接な関連を図り，健康・安全に関する指導の一環としてその充実を期すること。

その際，参加の心構えなどについて理解させ，関心をもたせるようにするとともに，事後においては，例えば，体に疾病などが発見された生徒の措置，事故や災害から自他の安全を守ることの意義などの指導について十分配慮すること。

イ　健康安全に関する行事については，自転車運転時などの交通規則を理解させ，事故防止に対する知識や態度を体得させるとともに，自然災害や犯罪などの非常事態に際し，沈着，冷静，迅速，的確に判断して対処する能力を養い，自他の安全を確保することのできる能力を身に付けること。また，喫煙，飲酒，薬物乱用などの行為の有害性や違法性，防犯や情報への適切な対処や行動について理解させ，正しく判断し行動できる態度を身に付けること。

ウ　体育に関する行事においては，生徒の活動の意欲を高めるように工夫するとともに，全体として調和のとれたものとし，特に生徒の負担の度合いなどに慎重に配慮することが大切である。また，学校全体として，健康や安全についての指導の徹底を期すること，特に事故の発生の際に備えて，その防止，万一の場合の準備や緊急時の対策などについても，あらかじめ十分に配慮しておく必要がある。

エ　体育に関する行事を実施する場合には，運動に親しみつつ体力を向上させるというねらいが十分に達せられるようにするとともに，教育的な価値を発揮するように努める必要がある。また，日頃の学習の成果を学校内外に公開し，発表することによって，学校に対する家庭や地域社会の理解と協力を促進する機会とすること。

　なお，この行事には，家庭や地域との結び付きの強いもの，他校や他機関との関連において実施するものなどがある。これらの機会を通して，相互の理解や連携を促進することはもとより，積極的に改善を図るなど，学校行事として，また生徒の集団活動としての教育的価値を高めるよう配慮しなければならない。

オ　健康安全に関する行事と体育に関する行事はその趣旨から，それぞれ全ての学年において取り組むこと。

(4)　旅行・集団宿泊的行事
①旅行・集団宿泊的行事のねらいと内容

　旅行・集団宿泊的行事については，学習指導要領第5章の第2で，次のとおり示している。

平素と異なる生活環境にあって，見聞を広め，自然や文化などに親しむと

ともに，よりよい人間関係を築くなどの集団生活の在り方や公衆道徳などについての体験を積むことができるようにすること。

　旅行・集団宿泊的行事のねらいは，次のとおり考えられる。

　校外の豊かな自然や文化に触れる体験を通して，学校における学習活動を充実発展させる。また，校外における集団活動を通して，教師と生徒，生徒相互の人間的な触れ合いを深め，楽しい思い出をつくることができる。さらに，集団生活を通して，基本的な生活習慣や公衆道徳などについての体験を積み，集団生活の在り方について考え，実践し，互いを思いやり，共に協力し合ったりするなどのよりよい人間関係を形成しようとする態度を育てる。

　旅行・集団宿泊的行事においては，例えば次のとおり資質・能力を育成することが考えられる。

○　豊かな自然や文化・社会に親しむことの意義を理解するとともに，校外における集団生活の在り方，公衆道徳などについて理解し，必要な行動の仕方を身に付けるようにする。

○　日常とは異なる生活環境の中での集団生活の在り方や公衆道徳について考え，学校生活や学習活動の成果を活用するように考えることができるようにする。

○　日常とは異なる環境や集団生活において，自然や文化・社会に親しみ，新たな視点から学校生活や学習活動の意義を考えようとする態度を養う。

　旅行・集団宿泊的行事としては，修学旅行，移動教室，集団宿泊，野外活動などが考えられる。

②実施上の留意点

ア　生徒の自主的な活動の場や機会を十分に考慮し，生徒の役割分担，生徒相互の協力，きまり・約束の遵守，人間関係を深める活動などの充実を図ること。また，文化的行事や健康安全・体育的行事，勤労生産・奉仕的行事との関連などを重視して，単なる物見遊山に終わることのない有意義な旅行・集団宿泊的行事を計画・実施するよう十分に留意すること。また，生徒の入学から卒業までの間に宿泊を伴う行事を実施すること。

イ　指導計画の作成とその実施に当たっては，行事の目的やねらいを明確にした上で，その内容に応じて各教科，道徳科，総合的な学習の時間，学級活動などとの関連を工夫すること。また，事前の学習や，事後のまとめや発表などを工夫し，体験したことがより深まるような活動を工夫すること。

101

ウ　学級活動などにおいて，事前に，目的，日程，活動内容などについて指導を十分に行い，生徒の参加意欲を高めるとともに，保護者にも必要事項について知らせておく。

エ　実施に当たっては，地域社会の社会教育施設等を積極的に活用するなど工夫し，十分に自然や文化などに触れられるよう配慮する。

オ　生徒の心身の発達の段階，安全，環境，交通事情，経済的な負担，天候，不測の事故，事故の発生時における対応策などに十分配慮し，学校や生徒の実態を踏まえた活動となるよう工夫すること。特に，教師の適切な管理の下での生徒の活動が助長されるように事故防止のための万全な配慮をする。また，自然災害などの不測の事態に対しても，自校との連絡体制を整えるなど適切な対応ができるようにする。（なお，計画の実施に関しては，「小学校，中学校，高等学校等の遠足・修学旅行について」（昭和43年10月2日付け，文初中第450号文部省初等中等教育局長通達），「修学旅行における安全確保の徹底について」（昭和63年3月31日付け，文初高第139号文部事務次官通達）などを参照すること。）

(5)　勤労生産・奉仕的行事
①勤労生産・奉仕的行事のねらいと内容

　勤労生産・奉仕的行事については，学習指導要領第5章の第2で，次のとおり示している。

　勤労の尊さや生産の喜びを体得し，職場体験活動などの勤労観・職業観に関わる啓発的な体験が得られるようにするとともに，共に助け合って生きることの喜びを体得し，ボランティア活動などの社会奉仕の精神を養う体験が得られるようにすること。

　勤労生産・奉仕的行事のねらいは，次のとおり考えられる。

　学校内外の生活の中で，勤労生産やボランティア精神を養う体験的な活動を経験することによって，勤労の価値や必要性を体得できるようにするとともに，自らを豊かにし，進んで他に奉仕しようとする態度を育てる。

　勤労生産・奉仕的行事においては，例えば次のとおり資質・能力を育成することが考えられる。

○　働くことの意義，社会的・職業的な自立について理解し，ボランティア活動などの体験活動の仕方について必要な知識や技能を身に付けるようにする。

○ 勤労生産や奉仕に関して自分のできることを判断し，多様な他者と協力して実践することができるようにする。

○ 勤労観や職業感を深めたり社会奉仕の精神を養ったりして，進んで勤労生産や奉仕に関わる活動に積極的に取り組み，社会に貢献しようとする態度を養う。

　勤労生産・奉仕的行事としては，職場体験活動，各種の生産活動，上級学校や職場の訪問・見学，全校美化の行事，地域社会への協力や学校内外のボランティア活動などが考えられる。

　特に，生徒の発達の段階や，卒業後の主体的な進路選択等を踏まえると，中学校段階においては，職場体験活動を重点的に推進することが望まれる。

②実施上の留意点

ア　指導計画の作成とその実施に当たっては，行事の目的やねらいを明確にした上で，その内容に応じて各教科，道徳科，総合的な学習の時間などの指導との関連を図り，学校教育全体として豊かな教育活動を構築するよう十分留意すること。また，事前の活動や，事後のまとめや発表などを工夫し，体験したことがより深まるような活動を工夫すること。

　　特に職場体験活動は，学校教育全体として行うキャリア教育の一環として位置付け，自己の能力・適性等についての理解を深め，職業や進路，生き方に関わる啓発的な体験が行われるようにすることが重要である。また職場体験活動については，その教育的な意義が一層深まるとともに，高い教育効果が期待されることなどから，学校の実態や生徒の発達の段階を考慮しつ一定期間（例えば１週間（５日間）程度）にわたって行われることが望まれる。

イ　生徒の発達の段階や特性，これまでの経験などに留意しながら，生徒の入学から卒業までを見通した学校としての計画的，系統的な教育活動の展開を図るようにすること。また，家庭や地域の人々，関係機関，事業所や企業，ボランティア関係団体，社会教育施設，自治会等との連携を深め，豊かな教育活動を進めていくことに十分留意すること。

ウ　学校行事におけるボランティア活動は，生徒がボランティア活動について学んだり，体験したりして，ボランティア精神を養い，自己の生き方を見つめ，将来社会人としてボランティア活動に積極的に参加していく意欲や態度を養うことに意義があり，ボランティア教育（ボランティア学習）を含めた教育活動として広く捉えられるものである。その際，学級活動の内容や生徒会活動として行うボランティア活動との関連を図ることや，生徒の自主性・

主体性が発揮されるように工夫することが必要である。

エ　職場体験活動や学校外におけるボランティア活動などの実施に当たっては，生徒の心身の発達の段階や適性等を考慮して計画し，実施することが望まれる。その際，生徒の安全に対する配慮を十分に行うようにする。

● 3　学校行事の指導計画

学習指導要領第5章の第3の1の（2）で，次のとおり示している。

> （2）各学校においては特別活動の全体計画や各活動及び学校行事の年間指導計画を作成すること。その際，学校の創意工夫を生かし，学級や学校，地域の実態，生徒の発達の段階などを考慮するとともに，第2に示す内容相互及び各教科，道徳科，総合的な学習の時間等の指導との関連を図り，生徒による自主的，実践的な活動が助長されるようにすること。また，家庭や地域の人々との連携，社会教育施設等の活用などを工夫すること。

学校行事の指導計画については，特別活動の全体計画に基づき，各種類の学校行事の特質を踏まえ，特に次のようなことを配慮した年間指導計画を作成する必要がある。

（1）　学校の創意工夫を生かすとともに，学校の実態や生徒の発達の段階などを考慮し，生徒による自主的，実践的な活動が助長されるようにする

学校行事は，各学校の創意工夫を生かしやすく，特色ある学校づくりを進める上でも有効な教育活動であるため，全教職員が共通理解を深め，協力してよりよい計画を生み出すようにすることが大切である。具体的には，学校の教育目標や指導の重点，地域の特色や学校の伝統，などから，行事の重点化を図るなど自校の実態に即した特色ある学校行事の指導計画を作成することである。

例えば，学校の教育目標やその年度の指導の重点が「責任を自覚し，粘り強く取り組む生徒」であれば，その具現化を図るために，各教科や道徳科等における授業の改善や学校生活全体での心の教育の充実とともに，道徳教育の充実を図る観点から勤労生産・奉仕的行事の充実を図ることも考えられる。このことによって，「責任を自覚し，粘り強く取り組む生徒」に向けて生徒の平素の生活態度の向上の契機とすることが期待できる。このように，学校行事の年間指導計画作成に当たっては，学校の教育目標の実現を図る教育活動の一つとして十分に検討することが大切である。

「学級や学校，地域の実態などを考慮する」とは，学校の規模の大小，指導に当たる教師の組織や特性をはじめ，体育館や運動場などの施設や設備の実態，更に学校の所在する地域の自然的，地理的，文化的な環境，施設・設備の状況，地域の人々の学校教育への理解と協力の可能性，及びこれらについての今後の見通しなどについて配慮することを示している。

「生徒の発達の段階などを考慮する」とは，学年ごとの生徒の心身の発達の状況に応じて学校行事への参加，協力の可能性や程度，学校行事の種類の特質などに応じての自主的な活動の可能性や程度などを十分に把握して指導計画を作成する必要がある。特に生徒の健康・安全に留意し，無理のない活動ができるように配慮することを示している。

また，学校行事については，生徒の入学から卒業までを見通し，学校全体としての計画的，発展的な指導計画を作成することが必要なことはもとより，小学校段階での学校行事の成果や生徒の経験を生かしてより発展的な教育活動を展開していくことが必要である。そのためには，小学校との連絡や連携を十分に図ることが大切である。

（2） 生徒による自主的，実践的な活動が助長されるようにする

学校行事の指導においても，生徒が積極的に活動できるようにするため，事前・事後の指導について十分に留意し，指導の効果を高めるように配慮する。その際，学校行事の種類によって，生徒の意見や希望も指導計画に反映させるとともに，生徒の自主的な活動も可能な限り行えるよう配慮し，生徒が主体的に参加できるようにすることが大切である。

学校行事は，学校が計画し実施するものであるとともに，各種類の行事に生徒が参加し協力することによって行われる教育活動である。また学校行事は，内容の種類や特質に応じて生徒の自主的な参加の仕方や程度は異なるが，多くの行事では，生徒による自発的な活動を幅広く取り入れることができる。

具体的には，文化祭などにおいては，積極的に自分たちで作り上げていこうとする自主的，実践的な活動が期待できる。したがって，行事の特質や，生徒の実態に応じて，生徒の自主的な活動を助長することが大切である。その際，放任になることがないよう，また，発達の段階からいって生徒が活動のために必要な基礎的な知識や技能を十分身に付けていない場合もあるため，教師の適切な指導・助言が当然必要である。さらに，生徒が行事の意義を十分に理解した上で，自発的に参加し協力するようになることが大切である。

また，学級活動「(1) 学級や学校における生活作りへの参画」の「ウ　学校における多様な集団の生活の向上」において，例えば体育祭や文化祭などの内容の

一部において，学級として取り組むことを話し合い，生徒の創意工夫を生かすということも考えられる。その場合，行事に向けた単なる準備や片付けなどの時間にならないように十分留意する必要がある。さらに，生徒会活動の内容「(2) 学校行事への協力」において，生徒会の立場から自主的，積極的な協力ができるようにすることが考えられる。

(3) 内容相互及び各教科，道徳科及び総合的な学習の時間などの指導との関連を図る

学校行事においては，「第2に示す内容相互及び各教科，道徳科，総合的な学習の時間などの指導との関連を図る」ことが大切である。具体的には，特別活動の他の内容や各教科等で身に付けた資質・能力などを，学校行事においてよりよく活用できるようにすることである。また，学校行事で身に付けた資質・能力を各教科等の学習に生かすことである。

特に学校行事は，平素の教育活動の総合的な発展の場であるため，日常の教育活動の成果が生かされるようにすることが大切である。したがって，学校行事の指導計画も，各教科，道徳科，総合的な学習の時間及び特別活動の他の内容などの指導計画と有機的に関連し合うように作成することが大切である。

さらに，その際，総合的な学習の時間や各教科等において行われる3学年間にわたる体験活動の相互の関連やバランスを考えるとともに，接続する小学校や高等学校において実施される体験活動との関連にも留意し，よりよい集団づくりを進めていく上で，価値ある学校行事が重点化して行われるよう配慮する必要がある。

(4) 家庭や地域の人々との連携，社会教育施設等の活用などを工夫する

学校行事において，体験的な活動を効果的に展開するために，家庭や地域の協力を得たり，社会教育施設を活用したりするなどの工夫をすることが大切である。

例えば，学校が地域社会と協力して教育効果を上げるために，学校の教育について積極的に地域の人々に対して学校行事を公開し，理解してもらう必要がある。そのため，文化的行事や健康安全・体育的行事などを実施する際に，地域社会の人々が参観しやすいように，期日などを考慮して計画することも必要である。地域の伝統文化に触れる活動や地域の行事と学校行事との関連を図って実施するなどの工夫も考えられる。

また，勤労生産・奉仕的行事などを実施する際には，保護者や地域の関係団体の協力を得るなど地域の人々との連携を図ったり，家庭への積極的な参加を呼び掛けたりしながら，生徒の体験的な活動を豊かなものとするように計画すること

も望ましい。

さらに，学校行事の計画に当たっては，学校の所在する地域の特性を十分に考慮することが大切である。市街地で生活する生徒の多い学校，地域の社会教育施設に近接した学校，自然に恵まれた地域の学校，国際理解教育をはじめとする多様な文化との交流が盛んな地域の学校など，学校の所在するそれぞれの地域の特性を考慮し，内容を工夫する必要がある。

(5) 生徒指導の機能を生かす

学習指導要領第5章の第3の1で，次のとおり示している。

> (3) 学級活動における生徒の自発的，自治的な活動を中心として，各活動と学校行事を相互に関連付けながら，個々の生徒についての理解を深め，教師と生徒，生徒相互の信頼関係を育み，学級経営の充実を図ること。その際，特に，いじめの未然防止等を含めた生徒指導との関連を図るようにすること。

学校行事は生徒の学校生活の流れに望ましい変化をもたらし，学校生活に色彩を添え，折り目を付け，学校生活をより豊かなものにするという意義を有している。さらに，生徒が協力して活動することによって，成就感や充足感を味わうことができる教育活動である。

学校行事を通して生徒が確かな自己存在感をもつとともに，自己実現の喜びを味わうことができるようにするために，学校行事における事前から事後にかけての活動の過程において，全ての生徒が何らかの役割や分担をもち，それを自己の選択や判断に基づいて遂行する体験を重ねることができるよう配慮することが大切である。そのためには，生徒一人一人が行事の中での人間的な触れ合いを深め，個性を発揮して積極的に活動できるよう，活動の場や機会を豊富にもった指導計画の作成が大切である。

また，学校行事においては，他の学級や学年の生徒との接触や交流が行われるとともに，通常の学級生活だけでは得られない，幅広い人間関係を経験することができる。このことは，学校の中で起こりがちな他の学年や学級などに対する排他的な態度や感情が生ずることを防ぎ，よりよい人間関係を育てることにもつながるものであり，学校行事においても生徒指導の機能を生かすことが望まれる。

(6) 年間指導計画の作成

学校行事は，全校又は学年という大きな集団による教育活動である。したがっ

て，その実施に当たっては，学校の全教職員が行事の目標や指導の重点などを共通理解し，一体となって指導に当たらなくてはならないことから，全教職員が関わって3学年間を見通した適切な年間指導計画を作成し，学校全体の協力的な指導体制を確立して，組織的に指導に当たる必要がある。

学校行事の指導計画には，年間の学校行事全体にわたる年間指導計画と個々の行事についてのより具体的な個別の行事指導計画がある。

年間指導計画には，学期ごと，月ごとなどに，実施予定の行事名，指導時数，参加の対象，目標，実施の内容，他の教育活動との関連などを取り上げるのが通例である。これらのほかに，行事全体の実施に要する経費や，学校の施設・設備の活用の計画や危機管理，評価の観点など必要である。

また，個別の行事指導計画においては，ねらい，内容（事前，当日，事後），実施の時期，場所，時間，指導上の留意事項，評価の観点などを取り上げるのが一般的である。このほか，所要経費や準備日程，役割分担などを明確にした，実施上の具体的な計画が必要である。

（7） 学校行事に充てる授業時数

学習指導要領第1章総則の第2の3で，次のとおり示している。

（2）授業時数等の取扱い

イ　特別活動の授業のうち，生徒会活動及び学校行事については，それらの内容に応じ，年間，学期ごと，月ごとなどに適切な授業時数を充てるものとする。

学校行事は，体験的な活動を通して，特別活動の目標を達成していく学校全体の教育活動である。そこでは，生徒の安全の確保等にも十分配慮しつつ，学習指導要領に示された学校行事のねらいが実現できるよう，各教科等との関連も図りつつ，各学校が創意工夫を発揮して適切な授業時数を充てることが必要である。

なお，学校行事については，勤労生産・奉仕的行事や旅行・集団宿泊的行事などで様々な体験活動が取り組まれているが，それらは特別活動以外の他の教育活動との関連を図って実施されている場合もある。例えば，職場体験活動などが，総合的な学習の時間において，問題の解決や探究活動といった総合的な学習の時間の趣旨を踏まえ，自己の生き方を考える学習活動として行われる場合があるが，このような職場体験活動は，同時に「勤労の尊さや職業に関わる啓発的な体験が得られるようにする」という特別活動の勤労生産的な行事と同様の成果も期待できる場合も多い。その際は，特別活動と総合的な学習の時間のそれぞれの特質を

生かし，活動のねらいを明確にした上で，各学校の教育の全体像を踏まえて両者の活動を有機的に関連させ，より教育的意義の高い教育活動を構築することが必要である。

● 4　学校行事の内容の取扱い

学習指導要領第5章の第2の3の（1）で，次のとおり示している。

> （1）生徒や学校，地域の実態に応じて，2に示す行事の種類ごとに，行事及びその内容を重点化するとともに，各行事の趣旨を生かした上で，行事間の関連や統合を図るなど精選して実施すること。また，実施に当たっては，自然体験や社会体験などの体験活動を充実させるとともに，体験活動を通して気付いたことなどを振り返り，まとめたり，発表し合ったりするなどの事後の活動を充実すること。

（1）　学校行事の内容の取扱いに関する留意事項
ア　行事の種類ごとに，行事及びその内容を重点化するとともに，行事間の関連や統合を図る

　各学校においては，学校行事の目標を達成するにふさわしい個々の行事を種類ごとに精選したり，それぞれの学校行事の教育的価値を検討し，各種類に教育上必要とされるものに精選したりすることが大切である。また，より充実した学校行事にするため行事間の関連や統合を図るなど学校の創意工夫を生かして実施する必要がある。

　そこで，学校行事には，各種類に多様な内容が含まれていることから，学校の方針や学年の発達の段階に即して取り上げる内容を絞るなど重点化や内容の統合が必要になる。

　例えば，文化的行事の例として，文化祭，学習発表会，音楽会（合唱祭），作品発表会，音楽鑑賞会，映画や演劇の鑑賞会，伝統芸能等の鑑賞会や講演会などが考えられるが，その全てを行うことは適切ではない。そこで，生徒が各教科などにおける日頃の学習の成果を総合的に発展させ，発表し合い，互いに鑑賞し合う行事として文化祭を実施し，生徒の手によらない作品や催し物を鑑賞する行事として地域の伝統文化等の鑑賞会を実施するなど，重点化することである。

　学校行事における「行事間の関連を図る」とは，別々の学校行事を同じ時期

に実施するなど指導の関連を図り，より効果的，効率的に学校行事の目標を追求しようとすることである。例えば，儀式的行事の教職員の離任式において，合唱祭の成果を生かして，生徒の合唱曲を披露するなどの関連である。

学校行事における「行事間の統合」とは，別々の学校行事を一つの学校行事に組み合わせて実施するなど，学校行事に充てる授業時数を精選し，より効果的，効率的に目標を達成しようとすることである。例えば，旅行・集団宿泊的行事において集団宿泊を行う場合，登山などを実施した際に勤労生産・奉仕的行事として清掃活動を行うなど，旅行・集団宿泊的行事と勤労生産・奉仕的行事を統合して実施することが考えられる。

なお，その際，学習指導要領において，勤労生産・奉仕的行事については，「勤労の尊さや生産の喜びを体得するとともに，ボランティア活動などの社会奉仕の精神を養う体験が得られるようにすること」と示されていることから，勤労の尊さを体得する内容だけでなく生産の喜びを体得する内容の学校行事を別に実施する必要があることに留意する必要がある。その際，その場限りの体験的な活動で終わらせることなく，事前にそのねらいや意義を生徒が十分に理解できるようにし，活動についてあらかじめ調べたり，準備したりすることができるようにする。

イ 体験活動を通して気付いたことなどを振り返り，まとめたり，発表し合ったりする活動を充実する

学校行事においては，特に言語力の育成や体験したことからより多くのことを体得させる観点から，「体験活動を通して気付いたことなどを振り返り，まとめたり，発表し合ったりするなどの活動を充実する」ことが求められる。その際，その場限りの体験活動で終わらせることなく，事前にそのねらいや意義を生徒に十分に理解させ，活動についてあらかじめ調べたり，準備したりすることができるようにするとともに，活動の節目や事後に，話す，聞く，読む，書く，などの活動を効果的に取り入れることが求められる。例えば，集団宿泊の実施に伴って，感想文をまとめたり，お世話になった方々に手紙を書いたり，発表会をしたり，他の学年の生徒，保護者や地域の住民に対する報告会を開催したりすることが考えられる。

また，体験活動を通して自分自身について考えたことを，学級活動(3)「一人一人のキャリア形成と自己実現」において，生徒が活動を記録し蓄積する，いわゆるポートフォリオ的な教材等を活用した学習と関連付けることも考えられる。

(2) 異年齢集団による交流や幼児，高齢者，障害のある人々などとの触れ合いを充実する

学習指導要領第5章の第3の2の（4）で次のとおり示している。

> （4）異年齢集団による交流を重視するとともに，幼児，高齢者，障害のある
> 人々などとの交流や対話，障害のある幼児児童生徒との交流及び共同学習
> の機会を通して，協働することや他者の役に立ったり社会に貢献したりす
> ることの喜びを得られる活動を充実すること。

学校行事においては，「異年齢集団による交流」を充実することが求められる。具体的には，複数の学年が一緒に参加する学校行事をより多く計画し，異年齢の生徒をはじめとする多様な人々と積極的に人間関係を築く態度の形成を図ろうとすることである。例えば，体育祭や文化祭，大掃除などの奉仕活動を異年齢で実施することであり，様々な学校行事における工夫が考えられる。

また，学校行事においては，「幼児，高齢者，障害のある人々などとの触れ合いを充実する」ことも求められる。具体的には，地域の幼児や児童，高齢者，学校内外の障害のある生徒や人々などと触れ合う活動をより多く計画し，多様な人々との人間関係を築く態度の形成を図ろうとすることである。例えば，学校行事として幼稚園や保育所等，小学校，介護施設，特別支援学校などと交流を図ったり，集団宿泊などにおいて，異年齢の生徒や異なる学校に在籍する生徒が共に生活したりすることができるようにするなどの工夫である。

(3) その他の指導上の留意事項

学校行事の指導に当たっては，次の事項についても留意することが大切である。

ア　実施する行事のねらいを明確にし，その意義を理解させ，綿密な計画の下に積極的な活動への意欲を高める。その際，事前・事後の指導についても十分留意し，体験活動を振り返り，そこから学んだことを記述する活動を充実するなど，指導の効果を高めるように配慮すること。

イ　生徒一人一人が集団の中での人間的な触れ合いを深め，個性を発揮して積極的に活動できるよう，活動の場や機会を豊富にすること。その際，個々の生徒の特性等を配慮した役割分担にも留意すること。

ウ　学校行事の計画，準備，実施，その評価などの各過程において，生徒会活動などとの関連を図りつつ，生徒にとって可能な範囲で自主的な活動を行わせ，個々の生徒に積極的な活動を促し，自主的な協力の気風を養うこと。

エ　教師の指導の下に，生徒の創意をできるだけ生かすとともに，秩序やルー

ルを守り品位のある活動によって校風が高められるようにすること。

オ　学校行事においては，生徒の健康や安全を考慮し，特に負担過重にならないようにすること。

第4章 指導計画の作成と内容の取扱い

第1節 指導計画の作成に当たっての配慮事項

● 1 特別活動における生徒の主体的・対話的で深い学び

学習指導要領第5章の第3の1の（1）で，次のように示している。

（1）特別活動の各活動及び学校行事を見通して，その中で育む資質・能力の育成に向けて，生徒の主体的・対話的で深い学びの実現を図るようにすること。その際，よりよい人間関係の形成，よりよい集団生活の構築や社会への参画及び自己実現に資するよう，生徒が集団や社会の形成者としての見方・考え方を働かせ，様々な集団活動に自主的，実践的に取り組む中で，互いのよさや個性，多様な考えを認め合い，等しく合意形成に関わり役割を担うようにすることを重視すること。

　特別活動の指導計画の作成に当たり，生徒の主体的・対話的で深い学びの実現を目指した授業改善を進めることとし，特別活動の特質に応じて，効果的な学習が展開できるように配慮すべき内容を示したものである。

　特別活動の指導に当たっては，（1）知識及び技能が習得されること，（2）思考力，判断力，表現力等を育成すること，（3）学びに向かう力，人間性等を涵養することが偏りなく実現されるよう，活動内容や時間のまとまりを見通しながら，生徒の主体的・対話的で深い学びの実現に向けた授業改善を行うことが大切である。

　生徒に特別活動の指導を通して「知識及び技能」や「思考力，判断力，表現力等」の育成を目指す授業改善を行うことはこれまでも多くの実践が重ねられてきている。そのような着実に取り組まれてきた実践を否定し，全く異なる指導方法を導入しなければならないと捉えるのではなく，生徒や学校の実態，指導の内容に応じ，「主体的な学び」，「対話的な学び」，「深い学び」の視点から授業改善を図ることが重要である。

　主体的・対話的で深い学びは，必ずしも1単位時間の授業の中で全てが実現されるものではない。内容や時間のまとまりの中で，例えば，主体的に学習に取り組めるよう学習の見通しを立てたり学習したことを振り返ったりする場面をどこに設定するか，グループなどで対話する場面をどこに設定するか，学びの深まり

113

を創り出すために，生徒が考える場面と教師が教える場面をどのように組み立てるか，といった視点で授業改善を進めることが求められる。また，生徒や学校の実態に応じ，多様な学習活動を組み合わせて授業を組み立てていくことが重要であり，内容や時間のまとまりを見通した学習を行うに当たり基礎となる知識及び技能の習得に課題が見られる場合には，それを身に付けるために，生徒の主体性を引き出すなどの工夫を重ね，確実な習得を図ることが必要である。

主体的・対話的で深い学びの実現を目指して授業改善を進めるに当たり，特に「深い学び」の視点に関して，各教科等の学びの深まりの鍵となるのが「見方・考え方」である。各教科等の特質に応じた物事を捉える視点や考え方である「見方・考え方」を，学びの過程の中で働かせることを通じて，より質の高い深い学びにつなげることが重要である。

以上が全教科等共通的な考え方になるが，特別活動における「主体的・対話的で深い学び」については，第2章の第1節の2で「主体的な学び」，「対話的な学び」，「深い学び」それぞれについて示してきたところである。本項では，特別活動の特質に応じた「主体的・対話的で深い学び」を実現するために，特に留意すべきことを示している。

「特別活動の各活動及び学校行事を見通して」とは，各活動・学校行事の全体を通して「主体的・対話的で深い学び」の実現を図るということである。他の教科等のように「単元」や時間のまとまりがあるわけでなく，各活動・学校行事が順番に行われるわけでもない。また，各活動・学校行事が同時並行的に行われるものであるということを踏まえ，学級活動，生徒会活動及び学校行事のそれぞれの年間指導計画の作成に当たり，各活動・学校行事を通して，「主体的・対話的で深い学び」が実現するように組み立てるということである。

「よりよい人間関係の形成，よりよい集団生活の構築や社会への参画及び自己実現に資するよう」とは，第2章でも説明した，特別活動で重視する三つの視点である。三つの視点は育成を目指す資質・能力に関わるものであると同時に，それらを育成する学習の過程においても重要な意味をもつものである。

「様々な集団活動に自主的，実践的に取り組む」ためには，各活動・学校行事の特質や内容を踏まえつつ，活動の内容を生徒が選択・決定することや，活動に必要な資料や情報等を生徒が集め，活動の成果についても生徒自ら評価するなど，主体的な活動を可能にすることが大切である。

「互いのよさや個性，多様な考えを認め合い，等しく合意形成に関わり役割を担うようにする」とは，課題を解決するために話し合い，合意形成を図る場合には，他者の考え方を認め，自他の考えをつなぎながら，新たなものを構成員全員で生み出していけるようにすることである。特定の生徒の発言によって決まったり，

同調圧力となったりしないように，少数意見も大事にするなどの工夫をして，合意形成することが大切である。また，合意形成を図るだけでなく，学級全員で役割を担い，決めたことを実践できるように，あらかじめ，学習の過程を綿密に構想した年間指導計画の作成が求められる。

このような「互いのよさや個性，多様な考え方を認め合い，等しく合意形成に関わり役割を担う」特別活動の経験が，卒業後，一人一人の存在が尊重される集団づくりや平和で民主的な国家，社会を形成する人間を育成することになる。

● 2　特別活動の全体計画と各活動・学校行事の年間指導計画

学習指導要領第5章の第3の1の（2）で，次のように示している。

---

(2) 各学校においては特別活動の全体計画や各活動及び学校行事の年間指導計画を作成すること。その際，学校の創意工夫を生かし，学級や学校，地域の実態，生徒の発達の段階などを考慮するとともに，第2に示す内容相互及び各教科，道徳科，総合的な学習の時間などの指導との関連を図り，生徒による自主的，実践的な活動が助長されるようにすること。また，家庭や地域の人々との連携，社会教育施設等の活用などを工夫すること。

特別活動の目標は，特別活動の各活動・学校行事の実践的な活動を通して達成されるものであり，その指導計画は，学校の教育目標を達成する上でも重要な役割を果たしている。したがって，調和のとれた特別活動の全体計画と各活動・学校行事の年間指導計画を全教職員の協力の下で作成することが大切である。

ここで示した「特別活動の全体計画」とは，特別活動の目標を調和的かつ効果的に達成するために各学校が作成する，特別活動の全体の指導計画のことである。

このような特別活動の全体計画を作成する際には，全教職員が指導に当たるため，全教職員の共通理解と協力体制が確立されるよう，例えば，各学校における特別活動の役割などを明確にして重点目標を設定したり，各活動・学校行事の内容を示したりするなど，教育課程における位置付けを明確にすることが大切である。

また，特別活動に充てる授業時数，設置する校内組織（校務分掌）や実施する学校行事等を明らかにしておくことも大切である。さらに，生徒や地域の実態を十分に把握するとともに，生徒の発達の段階や特性等を生かすようにし，教師の適切な指導の下に，生徒の自主的，実践的な活動が助長できるような全体計画を作成することが求められる。

特別活動の全体計画に示す内容には，次のようなものが考えられる。
○　学校教育目標
○　特別活動の重点目標
○　各教科等との関連（教育課程外の活動等との関連を含む）や危機管理との関連
○　各活動・学校行事の目標と指導の方針
○　特別活動に充てる授業時数等
○　特別活動を推進する校内組織
○　評価　など

学校教育には，教育課程には位置付けられていないが教育的意義が大きく，特別活動と関連が深い朝の会や帰りの会，日常に行われている清掃や日直などの当番の活動，さらに，放課後等に生徒の自主的，自発的な参加により行われる部活動などがあるが，これらとの関連などについても，特別活動の全体計画に示しておくことも大切である。なお，部活動の教育的な意義等については，学習指導要領第1章総則の第5の1のウに示されている。

この特別活動の全体計画に基づいて，年間を通じた各活動・学校行事ごとの目標，その内容や方法，指導の流れ，時間の配当，評価などを示したものが，「各活動・学校行事の年間指導計画」である。それらの年間指導計画の作成においては，以下のようなことに配慮することが必要である。

（1）　学校の創意工夫を生かす

特別活動は，その特質や内容からみて，学校ごとに，それぞれの特色を生かした創意ある指導計画を立てて実施することが，特に期待されている。そのためには，まず，地域や学校，生徒の実態等を踏まえ，学校としての基本的な指導構想を明確にし，それに即した創意ある計画を立てることが重要である。

各学校における創意工夫は，地域の特色，学校や生徒の実態，そしてこれまでの実施の経験や反省などを生かして発揮されていくものであり，指導計画の作成に当たって学校としての校内体制を確立していくとともに，学校の創意や工夫を生かした教育活動を行うために必要な時間が確保できるよう，全教師が協力していくことが大切である。

学校や地域の特色を生かした各活動・学校行事の実施のために，各活動や行事のつながりを常に意識し，組織的に年間を通した「編成」，「実施」，「評価」，「改善」に取り組むことが重要である。

特別活動そのものを「編成」，「実施」，「評価」，「改善」するとは，例えば，以下のようなものがある。

○　校長のリーダーシップの下，組織的に教育計画の一環としての特別活動全体計画及び各活動・学校行事の年間指導計画を作成する。（編成）

○　年間指導計画に従い，各活動・学校行事を実施する。（実施）

○　学期や年度を単位として，各活動・学校行事の評価を実施する。その際，例えば「学校が示した目標の有効性」，「各活動・学校行事それぞれの実施状況」，「生徒の変容」，「集団の変容」，「目標の達成・評価」等について，その成果と課題を明らかにする。（評価）

○　次年度の教育計画には，教育計画編成の視点及び改善の方向を明確にし，前段階（評価）の結果を十分に考慮し，改善を図る。（改善）

当然，特別活動の特質を踏まえ，生徒や教職員にとどまらず，保護者や地域住民の声を生かした「実施」，「評価」を推進することが望まれる。

(2)　学級や学校，地域の実態や生徒の発達の段階及び特性等を考慮する

学級や学校，地域の実態や生徒の発達の段階及び特性等を考慮して指導計画を作成することは，各教科などの指導計画においても大切なことであるが，生徒の自主的，実践的な活動を助長する特別活動においては，特に重要である。したがって，指導計画を作成するためには，生徒の興味・関心，能力・適性等に関する十分な生徒理解に基づいて，各学校や各学年における重点目標，指導の内容，活動の方法などを明確にしておくことが大切である。

また，特に自発的，自治的な活動については，年齢による成熟だけでなく，小学校での経験を含め，生徒がこれまでどのような集団による実践的な活動をどれだけ経験してきているのか，学級や学校の諸問題を自分たちで解決するために合意形成を図ったり，意思決定したりする力がどの程度育ってきているのかということによる差も大きい。画一的に，学年によってこうしなければならないと固定的に考えるのではなく，生徒の実態を把握し，それを特別活動の全体計画や各活動・学校行事の年間指導計画に反映させることが大切である。

(3)　各教科，道徳科，総合的な学習の時間などの指導との関連を図る

第2章でも説明したように，特別活動の指導に当たっては，カリキュラム・マネジメントの観点に立ち，各教科，道徳科，総合的な学習の時間などの指導との関連を図った資質・能力の育成が大切である。具体的には，各教科等で育成された能力が特別活動で十分に活用できるようにするとともに，特別活動で培われた協力的で実践的な資質・能力が各教科等の学習に生かされるようにする関連である。とりわけ，道徳科と特別活動の目標には，どちらも「人間としての生き方に

ついて考えを深め」が共通に示されており，道徳的実践の指導の充実が重視される特別活動においては，積極的に道徳科との関連を図る必要がある。

　また，学習指導要領第1章総則の第3の1の（5）で「各教科等の特質に応じた体験活動を重視し，家庭や地域社会と連携しつつ体系的・継続的に実施できるよう工夫すること」と示されたように，特別活動の体験活動と各教科，道徳科，総合的な学習の時間の学習活動との関連性がある場合には，相互に関連させて展開するよう配慮することが大切である。体験的な活動は全教育活動で配慮することが必要であるが，特に，特別活動，総合的な学習の時間の学習活動のいずれにおいても体験活動の充実，生き方について考え，深めることが求められていることでもあり，各学校が学校や地域の実態を生かして両者の関連に十分配慮する必要があると言える。そのことによって，それぞれのねらいが一層生かされ，特色ある教育活動づくりが推進されることにもなる。

　これらのことを踏まえ，各学校が教育目標の具現化に向けて，特別活動と各教科，道徳科，総合的な学習の時間などとの関連を図った独自の全体計画を作成するためには，学校の実態を十分に考慮し，特別活動として何を重視すべきかなど重点目標を定め，それぞれの役割を明確にしておく必要がある。

　なお，このようなカリキュラム・マネジメントの視点に立った生徒の活動を可能にする指導計画の作成は，教科外領域としての，特別活動固有の特質そのものと言える。

（4）　生徒による自主的，実践的な活動が助長されるようにする

　特別活動においては，教師の適切な指導の下に生徒による自主的，実践的な活動が助長され，そうした活動を通して特別活動の目標の実現が目指される教育活動である。そこで，できるだけ生徒自身による計画に基づく活動を生かし，生徒が自ら進んで活動を行うように指導する必要がある。特に，中学生ともなれば，他から与えられた計画に従わせるだけでは活動意欲を失わせることにもなるため，特別活動の各内容及び活動内容の特質に応じて，生徒による自主的，実践的な活動が助長されるように指導することが必要になってくる。すなわち，生徒の主体的・対話的で深い学びを実現するためには，生徒が活動の計画を立てて実践するように配慮することが大切であり，そのことが特別活動の指導における極めて重要な基本と言える。

（5）　家庭や地域の人々との連携，社会教育施設等の活用などを工夫する

　特別活動は，家庭や地域等との連携・協力が重要な意味をもつ教育活動である。節度ある生活習慣や健康・安全に関することは，日々の家庭での生活において実

践されてこそ意味があるものであるし，生徒会活動や学校行事を通して，地域・社会の様々な活動に参画したり，職場体験活動などの社会体験を積んだりするためには，地域の協力を得ることが不可欠である。家庭や地域の幅広い教育力を活用した学校内外での体験活動は，生徒の調和のとれた人間形成を図るとともに人間としての生き方についての自覚を深める上で，極めて重要である。そのためには，各学校が，家庭や地域との連携や交流を深め，その教育力の活用を図ったり，地域の自然や文化・伝統を生かしたり，社会教育施設等を活用した教育活動を展開していくことが必要である。また，地域の課題に関わる取組を進めるに当たって，地域の福祉関係の団体や，教育委員会のみならず首長部局とも積極的に連携することが重要である。コミュニティ・スクール，学校地域協働活動の枠組みを積極的に活用することも望まれる。特別活動の指導計画の作成に当たっては，カリキュラム・マネジメントの視点から，地域や学校の特色を生かした指導計画の作成に配慮することが大切である。

　さらに，体験を通して学ぶことを重視する特別活動の特質に鑑み，社会教育施設の活用については，青少年教育施設，公民館や公共図書館，資料館や博物館，美術館，科学館，劇場・音楽堂など地域の実態に応じて積極的に活用していくことが求められる。その際，各施設の活用により，どのような体験を通して資質・能力を育てようとするのか，ねらいを施設側と十分に共有しておくことが重要である。

(6)　特別活動の授業時数

　特別活動に充てる授業時数については，学校教育法施行規則附則別表第2に，年間35時間と示されている。その備考には，「特別活動の授業時数は，中学校学習指導要領で定める学級活動（学校給食に係るものを除く。）に充てるものとする。」と示されている。また，第1章総則の第2の3の（2）において，「ア　各教科等の授業は，年間35週以上にわたって行うよう計画し，週当たりの授業時数が生徒の負担過重にならないようにするものとする。ただし，各教科等や学習活動の特質に応じ効果的な場合には，夏季，冬季，学年末等の休業日の期間に授業日を設定する場合を含め，これらの授業を特定の期間に行うことができる。」，「イ　特別活動の授業のうち，生徒会活動及び学校行事については，それらの内容に応じ，年間，学期ごと，月ごとなどに適切な授業時数を充てるものとする。」と示している。

　各学校においては，これらの規定に基づいて，学校や生徒などの実態を考慮し，学級活動以外の特別活動の授業時数を配当することになる。実際には，年間の授業に充て得る総授業時数から各教科等別に示された時数を除いた中から配当する

ことになる。具体的には，本解説第3章において〔生徒会活動〕，〔学校行事〕について示していることを踏まえ，それぞれの目標やねらいが十分に達成できるようによく検討した上で年間，学期ごと，月ごとなどに適切な授業時数を充てるなどして，全体計画を作成することとする。

なお，学習指導要領解説総則編においても説明している通り，道徳科及び特別活動（学級活動）については，毎日10分間程度の短い時間を活用して行うことは，通常考えられない。

● 3　学級経営の充実と生徒指導との関連

学習指導要領第5章の第3の1の（3）で，次のように示している。

> （3）学級活動における生徒の自発的，自治的な活動を中心として，各活動と学校行事を相互に関連付けながら，個々の生徒についての理解を深め，教師と生徒，生徒相互の信頼関係を育み，学級経営の充実を図ること。その際，特に，いじめの未然防止等を含めた生徒指導との関連を図るようにすること。

（1）　学級経営と学級活動における生徒の自治的な活動

学級経営とは，一般的に，その担任教師が学校の教育目標や学級の実態を踏まえて作成した学級経営の目標・方針に即して，必要な諸条件の整備を行い運営・展開されるものと考えられる。

学級経営の充実については，学習指導要領第1章総則の第4の1の（1）で「学習や生活の基盤として，教師と生徒との信頼関係及び生徒相互のよりよい人間関係を育てるため，日頃から学級経営の充実を図ること。」と示されている。

第2章において説明したように，学級経営の充実は，生徒理解に基づく教師と生徒との信頼関係や，生徒同士の信頼関係が重要であり，学級活動における自発的，自治的な活動が重要な意味をもつ。

学級活動における自治的な活動は，よりよい学級や学校の生活を築き，文化を創造するため，集団として問題発見や合意形成をするための話合い活動や，話合いで決まったことを協力して実践したりする活動である。学級での合意形成を行う話合い活動は，学級活動や生徒会活動の中心となる活動であるが，学校行事を充実させるために，学級における提案や取組の在り方などを話し合い，合意形成を行う上でも重要な機能を担っている。これらの話合い活動を通じて醸成される

自治的な活動は，学級や学校をよりよいものへとする生徒の文化の創造や人間関係形成につながるものである。そのため，自発的，自治的な活動の充実は，休み時間，放課後などにおいても，生徒の人間関係等によい影響をもたらしている。

このような視点から，「学級活動における生徒の自発的，自治的な活動」を中心として，学級経営の充実が求められるのである。

今回の改訂では，これまで小学校学習指導要領の総則及び特別活動のみに記述されていた「学級経営の充実」が中学校学習指導要領の総則及び特別活動においても示された。これは，学校での学習や生活において，その基盤となる学級としての集団の役割が，生徒の今日的な様々な状況から，一層認識されてきたためである。

学級活動の指導において，生徒会活動や学校行事とも関連付けながら，生徒相互及び教師と生徒との人間関係を構築し，個々の生徒のキャリア形成・進路指導，学業指導の実践，道徳性，社会性の涵養などに加え，学級・学級文化の創造が図られる。

また，学級活動の目標の実現を目指し，各内容の特質を生かした指導を充実するには，教師個々の学級経営のみならず，学年の教師が互いに協力し合う学年経営の充実も不可欠である。学級経営と学年経営は相互に補完し合い，高め合っていく関係にあることから，教師が互いの役割や考えを尊重し協力し合うことが大切である。そのため，学校経営や学年経営との調和を図った学級経営の充実は，生徒会活動や学校行事における生徒の自主的・実践的な活動をより一層促すものでもあるが，今回の改訂の趣旨を踏まえ，改めて学級経営の充実を意識することが求められる。

(2)　特別活動といじめの未然防止等を含めた生徒指導との関連

生徒指導とは，一人一人の生徒の人格を尊重し，個性の伸長を図りながら，社会的資質や行動力を高めることを目指して行われる教育活動のことである。学習指導要領第1章総則の第4の1の（2）では「生徒が，自己の存在感を実感しながら，よりよい人間関係を形成し，有意義で充実した学校生活を送る中で，現在及び将来における自己実現を図っていくことができるよう，生徒理解を深め，学習指導と関連付けながら，生徒指導の充実を図ること。」と示されている。

我が国のいじめの背景には，学級内の人間関係に起因する問題が多く指摘されていることから，学級経営と生徒指導の関連を図った，学級活動の充実がいじめの未然防止の観点からも一層重要になる。学級内の人間関係に起因する問題に対しては，学級での自治的な活動や様々な体験活動を通して，多様な他者を尊重する態度を養うことはもとより，一人一人の自己肯定感を高める指導が重要である。

特別活動の指導は，主に集団場面において生徒の集団活動の指導を通じて行われることから，生徒指導も集団場面における指導が基本となる。そして，特別活動の指導も生徒指導も，自らの課題を見いだし，改善しようとするなどの自己指導能力の育成，究極的には生徒一人一人の望ましい人格形成を図ることをねらいとしているものであり，学級活動等で学んだ内容を，生徒一人一人が身に付けるためには，集団場面に続いてあるいは並行しての個別場面における指導が必要である。具体的には，学級活動の各内容を通じて，個々の生徒が生活や学習に関わる目標を自ら立て，目標に向かって粘り強く取り組み，振り返り，改善点を見いだすことができるよう，集団の場面における指導や個別の場面における援助に努めることが大切である。

● 4　障害のある生徒など学習活動の困難さに応じた指導内容や指導方法の工夫

学習指導要領第5章の第3の1の（4）で次のように示している。

> （4）障害のある生徒などについては，学習活動を行う場合に生じる困難さに応じた指導内容や指導方法の工夫を計画的，組織的に行うこと。

障害者の権利に関する条約に掲げられたインクルーシブ教育システムの構築を目指し，生徒の自立と社会参加を一層推進していくためには，通常の学級，通級による指導，特別支援学級，特別支援学校において，生徒の十分な学びを確保し，一人一人の生徒の障害の状態や発達の段階に応じた指導や支援を一層充実させていく必要がある。

通常の学級においても，発達障害を含む障害のある生徒が在籍している可能性があることを前提に，全ての教科等において，一人一人の教育的ニーズに応じたきめ細かな指導や支援ができるよう，障害種別の指導の工夫のみならず，各教科等の学びの過程において考えられる困難さに対する指導の工夫の意図，手立てを明確にすることが重要である。

これを踏まえ，今回の改訂では，障害のある生徒などの指導に当たっては，個々の生徒によって，見えにくさ，聞こえにくさ，道具の操作の困難や移動上の制約，健康面や安全面での制約，発音のしにくさ，心理的な不安定，人間関係形成の困難さ，読み書きや計算等の困難さ，注意の集中を持続することが苦手などを，学習活動を行う場合に生じる困難さが異なることに留意し，個々の生徒の困難さに応じた指導内容や指導方法を工夫することを，各教科等において示している。

その際，特別活動の目標や内容の趣旨，学習活動のねらいを踏まえ，学習内容

の変更や学習活動の代替を安易に行うことがないよう留意するとともに，生徒の学習面や心理面での負担にも配慮することが必要である。

具体的には，特別活動における配慮として，次のようなものが考えられる。

○ 相手の気持ちを察したり理解することが苦手な生徒には，他者の心情等を理解しやすいように，役割を交代して相手の気持ちを考えたり，相手の意図を理解しやすい場面に置き換えることや，イラスト等を活用して視覚的に表したりする指導を取り入れるなどの配慮をする。

○ 話を最後まで聞いて答えることが苦手な場合には，発言するタイミングが理解できるように，事前に発言や質問する際のタイミングなどについて具体的に伝えるなど，コミュニケーションの図り方についての指導をする。

○ 学校行事における避難訓練等の参加に対し，強い不安を抱いたり戸惑ったりする場合には，見通しがもてるよう，各活動や学校行事のねらいや活動の内容，役割（得意なこと）の分担などについて，視覚化したり，理解しやすい方法を用いたりして事前指導を行うとともに，周囲の生徒に協力を依頼しておく。

なお，学校においては，こうした点を踏まえ，個別の指導計画を作成し，必要な配慮を記載し，他教科等の担任と共有したり，翌年度の担任等に引き継いだりすることが必要である。

● 5 道徳科などとの関連

学習指導要領第5章の第3の1の（5）で，次のように示している。

---

(5) 第1章総則の第1の2の（2）に示す道徳教育の目標に基づき，道徳科などとの関連を考慮しながら，第3章特別の教科道徳の第2に示す内容について，特別活動の特質に応じて適切な指導をすること。

道徳科などとの関連については，本解説第2章の第2節の4の（2）に示したように，特別活動における道徳性の育成を目指して，道徳教育の内容との関連を考慮しながら指導計画を作成することが大切である。特に，特別活動の「集団や社会の形成者としての見方・考え方を働かせ，様々な集団活動に自主的，実践的に取り組み，互いのよさや可能性を発揮しながら直面する課題を解決する」という特質を生かし，道徳的実践の指導の充実を図ることが必要である。

各活動・学校行事の指導計画の作成に当たっては，それぞれの活動の準備から

振り返りまでの全ての過程で，生徒が主体的に行動し，よりよい人間関係を形成
できる活動等を振り返り，自己の生き方を考える場面を意図的に準備することが
大切である。また，生徒が主体的な判断の下に集団生活における課題の解決や社
会への参画ができるように配慮することが必要である。さらに活動を通して，自
己の生き方を考え，自己の実現を図るために必要な指導の在り方を具体的に指導
計画で明らかにすることが大切である。

第4章
指導計画の作
成と内容の取
扱い

第2節　内容の取扱いについての配慮事項

● 1　生徒の自発的，自治的な活動の効果的な展開

学習指導要領第5章の第3の2の（1）では，次のように示している。

> （1）学級活動及び生徒会活動の指導については，指導内容の特質に応じて，教師の適切な指導の下に，生徒の自発的，自治的な活動が効果的に展開されるようにすること。その際，よりよい生活を築くために自分たちできまりをつくって守る活動などを充実するよう工夫すること。

(1)　指導内容の特質に応じた生徒の自発的，自治的な活動の展開

　ここで示している「指導内容の特質に応じて」とは，教師の適切な指導の下に行われる生徒の自発的，自治的な活動を特質とする内容と，教師の指導を中心とした生徒の自主的，実践的な活動を特質とする内容を区別して指導することを示したものである。

　特別活動の目標に明示されているように，「自主的，実践的な活動」を行うことは，特別活動の全ての内容に共通している。その上で，「自発的，自治的な活動」は，「自主的，実践的」であることに加えて，目的をもって編制された集団において，生徒が自ら課題等を見いだし，その解決方法などについての合意形成を図り，協力して目標を達成していくものである。生徒の自発的，自治的な活動を特質としている内容は，学級活動の「(1) 学級や学校における生活づくりへの参画」及び生徒会活動である。

　これに対して，学級活動の「(2) 日常の生活や学習への適応と自己の成長及び健康安全」と「(3) 一人一人のキャリア形成と自己実現」及び学校行事は，教師の指導を中心とした生徒の自主的，実践的活動を特質とする内容である。これらの活動や学校行事は，年間指導計画に沿ってねらいや具体的な活動が設定され，自分に合った解決方法を意思決定する。学級や学校として実践することを，生徒が提案し，合意形成を図ることによって決める「自発的，自治的な活動」とは異なる学習過程となる。この場合においても，第3の1の（2）に示したように，生徒の自主的，実践的な活動の助長には特に留意しなければならない。

　自発的，自治的な活動は，特別活動固有の特質であり，なかでも学級活動の，「(1) 学級や学校における生活づくりへの参画」は，特別活動における自発的，自治的な活動の基本となるものである。特に，「学級や学校における生活をよりよく

125

するための課題を見いだし，解決するために話し合い，合意形成を図り，実践すること。」の指導が充実するように努める必要がある。小学校からの積み重ねを生かして学級における自治的な活動に取り組んでいくことが，生徒会活動における自発的，自治的な活動を効果的に展開する上で基盤となる。

本項で示している「効果的に展開されるようにする」には，以下に述べるような指導に留意することが大切である。

ア　生徒の自発的，自治的な活動を助長する指導

自発的，自治的な活動の助長には，生徒の主体的な活動場面をできるだけ多く取り入れることと，合意形成のための話合い活動の充実や実践活動の場・機会と時間の確保，評価や励まし等の工夫が必要である。

教師は，学級活動や生徒会活動の意義を生徒に十分理解できるように指導するとともに，生徒を活動の中心に置き，不足した情報や資料を補い，生徒の自主的な活動を側面から援助することが大切であり，受容的な態度で，根気よく継続して指導を続けることが必要である。また，活動の過程にあって起こってくる様々な課題や障害への対応についても，適切な指導を与えるようにすることが大切である。

イ　自発的，自治的な活動には，一定の制限や範囲があることについても生徒に理解させ，必要な場合には的確な助言や指示を行うなどの指導

自発的，自治的な活動における自治的と自治との違いやその活動の最終的な責任者は校長であることを理解させることも大切である。このような指導が効果的に行われていくためには，自分たちの可能性が生かされ，任されているという認識の下に，意欲的・積極的に参加できるような日常的な指導や日頃から教師と生徒の触れあいを深め，信頼関係を築いていくことが大切である。

ウ　育成を目指す資質・能力を明確にした指導

生徒の自発的，自治的な活動を展開するに当たって，特別活動で育成を目指す資質・能力のうち，主として何を目指すのかについて，学級や生徒会活動の各種委員会活動等の質的な状況や発達段階，学級や生徒会活動の置かれている実態や解決を図らなければならない課題等から適切に判断し，それらに即した内容の焦点化・重点化を図り，生徒の活動を明確にする指導である。

エ　内容相互の関連を図った指導

内容相互の関連付けについては，学習指導要領第5章の第3の1の(3)，及

び2の（2）で示した通りである。学級経営における学級活動の自発的，自治的
な活動は，特に生徒会活動や学校行事の要としての役割を果たす。したがって，
カリキュラム・マネジメントの視点に立ち，相互の関連を図った自発的，自治
的な活動の創意ある展開は，効果的な指導を可能にするばかりでなく，生徒個々
の深い学びを実現することになり，極めて重要な活動と言える。

　例えば，生徒会活動においても「生徒総会」や「生徒会役員選挙」，「新入生
を迎える会」や「卒業生を送る会」などの行事は，その準備の時間も含め，学
級活動や学校行事などとの関連も図って，学校の年間計画の中に位置付けるこ
とも必要となる。また，「生徒評議会（中央委員会など）」や「各種の委員会」
の活動については，学級活動との関連を図り，特定の曜日などを決めて開催し
たり，その活動内容を発表する機会をもつようにしたりするなどの工夫が必要
である。さらに，学校生活の充実と向上を図るための活動や社会参画に関わる
活動としての生徒集会やボランティア活動などについても，学校の創意を生か
し内容相互の関連を図るような工夫が大切である。

(2)　「自分たちできまりをつくって守る活動などの充実」

　学級や学校という集団生活においては，生徒は学級や学校における様々なきま
りを守って生活する必要がある。例えば，学校のきまりには，各学校の実態に応
じて生徒指導上必要とされるきまりなどがあり，また，生徒会規約や生徒会活動
の目標達成に必要なきまり，学級の目標の達成や当番や班活動などに関わるき
まりのように，生徒自らが学級や学校におけるよりよい生活のために定めるきまり
もある。

　生徒自らが，自分たちの話合い活動により適切なきまりをつくりそれを守る活
動は，まさしく自発的，自治的な活動であり，自分たちで決定したことについて
責任を果たす活動に他ならない。このように集団の合意形成に主体的に関わり，
その決定を尊重するという活動を通して，生徒は集団の形成者としての自覚を高
め，自主的，実践的な態度を身に付けていくのである。このような活動の充実を
図ることにより，生徒の規範意識や社会性，社会的な実践力が育成されるのであ
る。

● 2　指導内容の重点化と内容間の関連や統合

学習指導要領第5章の第3の2の（2）で，次のように示している。

> （2）生徒及び学校の実態並びに第1章総則の第6の2に示す道徳教育の重点
> などを踏まえ，各学年において取り上げる指導内容の重点化を図るととも
> に，必要に応じて，内容間の関連や統合を図ったり，他の内容を加えたり
> することができること。

（1）　道徳教育の重点などを踏まえた指導内容の重点化

　本項は，特別活動の指導内容の取扱に関して，生徒及び学校の実態や道徳教育の重点などを踏まえて，指導内容の重点化を図ることを示している。

　各学校では，主に生徒の実態等を踏まえた道徳教育の重点目標を設定し，全教育活動を通して生徒に具現化を図る一環として，特別活動においては，次のような指導内容の重点化について配慮した実践に努めることが大切である。道徳教育と特別活動の関係については，第2章で説明した通りである。

　道徳教育の重点については，学習指導要領第1章総則の第6の2において，「各学校においては，生徒の発達の段階や特性等を踏まえ，指導内容の重点化を図ること。」とし，その際に重視すべきこととして，「小学校における道徳教育の指導内容を更に発展させ，自立心や自律性を高め，規律ある生活をすること，生命を尊重する心や自らの弱さを克服して気高く生きようとする心を育てること，法やきまりの意義に関する理解を深めること，自らの将来の生き方を考え主体的に社会の形成に参画する意欲と態度を養うこと，伝統と文化を尊重し，それらを育んできた我が国と郷土を愛するとともに，他国を尊重すること，国際社会に生きる日本人としての自覚を身に付けることに留意すること。」としている。

　学級活動は，学校における基礎的な生活集団としての学級を基盤に営まれる活動であり，そこでの活動の内容として示している（1）から（3）までの内容については，いずれの学校，学年においても取り扱うことが求められるものであるが，どの内容にどのくらいの時間を掛けるかということは定められていない。各学校の目指す生徒像や教育理念，生徒の実態など，それぞれの実情に応じて，道徳教育の重点を踏まえた指導の重点化を図り，育成を目指す資質・能力を明確にし，それに沿った指導内容や方法を工夫することは，大切な配慮事項の一つである。具体的には，例えば，各学校の当該年度の教育目標や特色ある学校づくりに関わる具体的な課題，生徒指導上の課題や学級における集団生活の課題，生徒個々が

抱えている問題や悩みなどを十分に踏まえ，題材のねらいの設定やその指導などに役立てることが大切である。

生徒会活動，学校行事においても，それぞれの活動，行事の特質に応じた配慮が行われることが期待される。

(2) 内容間の関連や統合を図ったり，他の内容を加えたりする

中学校の学級活動は，(1)，(2)，(3)の活動内容に整理され，それぞれの活動内容においては，いずれの学年においても取り扱うものとして複数の項目が示されている。

学級活動の内容については，それぞれの内容項目の指導に何単位時間を充てなければならないということは定められていない。前項で説明したように，生徒の実態等を踏まえて各学校で重点化を図ってく中で，活動の特質や育成を目指す資質・能力の関連を明らかにした上で，効果的と考えられる場合は，いくつかの内容項目を統合したり，内容の関連を図って指導したりすることも考えられる。いずれの場合にも，学校や生徒の実態を十分に考慮した上で，3学年間の見通しの上に指導計画に盛り込むことが重要である。

生徒の実際の学級や学校の生活において，学習指導要領に示された(1)，(2)，(3)の活動内容は，いずれも人間関係形成，社会参画，自己実現という三つの視点に関わるものであるということから，相互に関連し合っている面もあり，年間指導計画を作成する際には，それぞれの学習過程の違いや，育成を目指す資質・能力を踏まえ，学校，生徒の実態に応じて内容間の関連を図ることが重要である。具体的には，それぞれの内容において育てられる資質・能力を次の活動に生かすことができるように，内容の配列を工夫するということが考えられる。

また，活動のねらいを十分に検討し，効果が期待される場合は，二つの活動内容を統合させて指導することも考えられる。しかし，第3章で説明したとおり，学級活動の(1)，(2)，(3)は，それぞれ異なる学習過程を前提とするものであり，(1)と(2)，又は(1)と(3)の内容を1単位時間の中で，同時に扱うということは，基本的に想定されない。特に今回の改訂では，第1章で説明したように，学級活動の内容(2)及び(3)の下に置かれていた各内容項目を整理することにより，学級活動(1)に係る活動の時間を十分に確保し，その充実を図っていくこととした趣旨を十分に配慮することが望まれる。

さらに，第1章総則の第6の2に示された重点を踏まえた上で，学級活動の目標を達成するための効果が期待される場合には，学級活動の活動内容(1)，(2)，(3)に示されていない内容を加えて指導することも可能である。

いずれの場合にも，各内容で育成を目指す資質・能力や，内容に応じた学習過

程について理解し，かつ学校や生徒の実態を十分に考慮した上で，指導計画の作成に取り組むことが重要である。

生徒会活動は，学校の全生徒をもって組織する生徒会が，学校内及び地域や社会の様々な課題について考え，その解決を図ろうという活動であり，指導内容は，相互に深く関連している。生徒会活動の各内容の指導に当たっては，自発的，自治的な活動が展開され，よりよい人間関係が形成され，地域や社会への参画ができるよう十分な指導が大切であり，これらの活動で得た体験が人間としての生き方を考える基となり，自己を実現しようとする態度につながる。生徒会活動の各内容を個別のものと捉えず，生徒総会などで決定した活動方針等と常に関連付け，活動相互のつながりを意識できるような指導内容の取扱いが必要である。

学校行事は，5種類が示されているが，年間指導計画作成の段階から，各行事で育成を目指す資質・能力の関連を明確にし，それぞれの行事の指導内容を考える必要がある。例えば，体育的行事で育ったよりよい人間関係を次の合唱祭の取り組みの基盤とし，更なる人間関係の深まりをねらいとしたり，文化祭で身に付けた個と集団の関わりに関する考え方が，地域や社会における奉仕活動への参画につながったりするような指導内容の取扱いが大切である。これらの関連を図ることにより，次の学びに向かう力が高められていく。

●3　ガイダンスとカウンセリングの趣旨を踏まえた指導を図る

学習指導要領第5章の第3の2の（3）で，次のように示している。

（3）学校生活への適応や人間関係の形成，進路の選択などについては，主に集団の場面で必要な指導や援助を行うガイダンスと，個々の生徒の多様な実態を踏まえ，一人一人が抱える課題に個別に対応した指導を行うカウンセリング（教育相談を含む。）の双方の趣旨を踏まえて指導を行うこと。特に入学当初においては，個々の生徒が学校生活に適応するとともに，希望や目標をもって生活をできるよう工夫すること。あわせて，生徒の家庭との連絡を密にすること。

ガイダンスとカウンセリングを通して，生徒の発達を促すには，次の事項に留意することが必要である。

ガイダンスとカウンセリングの充実は，学習指導要領第1章の総則の第4の1の（1）で，「主に集団の場面で必要な指導や援助を行うガイダンスと，個々の生徒の多様な実態を踏まえ，一人一人が抱える課題に個別に対応した指導を行うカ

ウンセリングの双方により，生徒の発達を支援すること。」と示している。ガイダンスとカウンセリングは，生徒一人一人の学校生活への適応や人間関係の形成，進路の選択などを実現するために行われる教育活動である。単にガイダンスやカウンセリングに多くの時間を費やせばよいというものではなく，生徒の行動や意識の変容を促し，一人一人の発達を促す働きかけとしての両輪として捉えることが大切である。

ア　ガイダンス

　ガイダンスは，生徒のよりよい適応や成長，人間関係の形成，進路等の選択等に関わる，主に集団の場面で行われる案内や説明であり，ガイダンスの機能とは，そのような案内や説明等を基に，生徒一人一人の可能性を最大限に発揮できるような働きかけ，すなわち，ガイダンスの目的を達成するための指導を意味するものである。

　具体的には，生徒の学級・学校生活への適応やよりよい人間関係の形成，学習活動や進路等における主体的な取組や選択及び自己の生き方などに関して，教師が生徒や学級の実態に応じて，計画的，組織的に行う情報提供や案内，説明及びそれらに基づいて行われる学習や活動などを通して，課題等の解決・解消を図ることができるようになることである。したがって，ガイダンスの機能を充実するための工夫とは，日々の指導について，ねらいをもち，その実現のための指導をより適時，適切な場や機会を設け，よりよい内容・方法で実施するよう改善を図ることであり，また，そのための指導計画を立て，教師の共通理解と協力により，その効果を高めるようにするということである。

イ　カウンセリング

　学校におけるカウンセリングは，生徒一人一人の生き方や進路，学校生活に関する悩みや迷いなどを受け止め，自己の可能性や適性についての自覚を深めさせたり，適切な情報を提供したりしながら，生徒が自らの意志と責任で選択，決定することができるようにするための助言等を，個別に行う教育活動である。生徒一人一人の発達を促すためには，個別の指導を適切に行うことが大切であり，特に，高等学校への進学など，現実的に進路選択が迫られる中学校の段階では，一人一人に対するきめ細かな指導は極めて重要である。

　特別活動におけるカウンセリングとは専門家に委ねることや面接や面談を特別活動の時間の中で行うことではなく，教師が日頃行う意図的な対話や言葉掛けのことである。

ウ　ガイダンスとカウンセリングの関係

　生徒の発達を支えるためには，生徒の発達の特性や教育活動の特質を踏まえて，あらかじめ適切な時期・場面において，主に集団の場面で，必要とされる同質的な指導を，全員に行うガイダンスと，個々の生徒が抱える課題に対して，その課題を受け止めながら，主に個別指導により，個々の生徒の必要度に応じて行うカウンセリングを，それぞれ充実させていくという視点が必要である。

　ガイダンスとカウンセリングは，課題解決のための指導の両輪である。教師には，特別活動のいずれの内容においても双方の趣旨を踏まえて指導を行うことが求められる。

　これらの共通的な価値を有する教育活動を特別活動において，相互に関連して計画的に行うことに意義があると言える。

●4　異年齢集団や幼児，高齢者，障害のある人々や幼児児童生徒との交流等を通して，協働することや社会に貢献することの喜びを得る活動の重視

学習指導要領第5章の第3の2の（4）で，次のように示している。

（4）異年齢集団による交流を重視するとともに，幼児，高齢者，障害のある人々などとの交流や対話，障害のある幼児児童生徒との交流及び共同学習の機会を通して，協働することや，他者の役に立ったり社会に貢献したりすることの喜びを得られる活動を充実すること。

（1）　異年齢集団による交流の重視

　特別活動における異年齢集団による交流は，各活動・学校行事において大変重要である。具体的には，例えば生徒会活動における各種の委員会などの活動や，生徒会として取り組む地域清掃などのボランティア活動，学校行事では体育祭などの場面で異学年の生徒が協力・協働することなどである。異年齢集団の交流は，他者の役に立つ喜びを体得，自己肯定感の醸成にも寄与する。学年を越えた取組となるため全教師の共通理解に基づき，指導計画の工夫を行うことが求められる。

（2）　幼児，高齢者，障害のある人々などとの交流や対話，障害のある幼児児童生徒との交流及び共同学習の機会を通して協働することや，他者の役に立ったり，社会に貢献したりすることの喜びを得られる活動の充実

　交流及び共同学習については，学習指導要領第1章総則の第5の2で「ア　学

校がその目的を達成するため，学校や地域の実態等に応じ，教育活動の実施に必要な人的又は物的な体制を家庭や地域の人々の協力を得ながら整えるなど，家庭や地域社会との連携及び協働を深めること。また，高齢者や異年齢の子供など，地域における世代を越えた交流の機会を設けること。」，「イ　他の中学校や，幼稚園，認定こども園，保育所，小学校，高等学校，特別支援学校などとの間の連携や交流を図るとともに，障害のある幼児児童生徒との交流及び共同学習の機会を設け，共に尊重し合いながら協働して生活していく態度を育むようにすること。」と示されている。

　交流や共同学習は，学校教育全体で行うものであるが，特別活動については，その目標を実現する上で，多様な人々との交流や対話などは大変重要な意義をもつ。交流等の内容としては，例えば，近隣の幼稚園，認定こども園，保育園の幼児や，小学校の児童，老人介護施設の高齢者や障害者福祉施設の人々を学校行事の文化祭に招待したり交流会を開催したりすることもある。近隣の特別支援学校の児童生徒と，生徒会活動や学校行事において共同学習をすることもできる。

　生徒は，このような交流や共同学習を通して，自他の尊重や共に力を合わせて生活することの大切さを学ぶことができる。

　中学生という発達の段階を踏まえ，「社会に開かれた教育課程」を実現し，活力ある未来を切り拓く資質・能力をもった生徒を育成するために，学校が，意図的，計画的な教育活動の一環として，学校内外において多様な他者と交流し，協働して活動できる機会と場を設定し，豊かな人間性の育成を保障することが求められているのである。

　とりわけ，生徒の自主的，実践的な集団活動を通して，それ自体が一つの社会である学級や学校のよりよい生活づくりに資する体験的な学びを展開する特別活動には，そのような機会と場を多様に設けることが期待されている。

　特別活動のいずれの活動も，互いに協力し合い，認め合う中で自分が有用であることを実感するとともに自信をもつ機会となっている。教師は各活動・学校行事の特性を生かし，一人一人の生徒が自己有用感や自己肯定感を体得できるように指導を工夫するとともに，自分のよさや可能性を発揮してよりよい生活や人間関係を築こうとする自主的，実践的な活動を設定することが大切である。

第3節　入学式や卒業式などにおける国旗及び国歌の取扱い

学習指導要領第5章の第3の3では，次のように示している。

> 3　入学式や卒業式などにおいては，その意義を踏まえ，国旗を掲揚すると
> ともに，国歌を斉唱するよう指導するものとする。

国際化の進展に伴い，日本人としての自覚を養い，国を愛する心を育てるとともに，生徒が将来，国際社会において尊敬され，信頼される日本人として成長していくためには，国旗及び国歌に対して一層正しい認識をもたせ，それらを尊重する態度を育てることは重要なことである。

学校において行われる行事には，様々なものがあるが，この中で，入学式や卒業式は，学校生活に有意義な変化や折り目を付け，厳粛かつ清新な雰囲気の中で，新しい生活の展開への動機付けを行い，学校，社会，国家など集団への所属感を深める上でよい機会となるものである。このような意義を踏まえ，入学式や卒業式においては，「国旗を掲揚するとともに，国歌を斉唱するよう指導するものとする」こととしている。

入学式や卒業式のほかに，全校の生徒及び教職員が一堂に会して行う行事としては，始業式，終業式，運動会，開校記念日に関する儀式などがあるが，これらの行事のねらいや実施方法は学校により様々である。したがって，どのような行事に国旗の掲揚，国歌の斉唱指導を行うかについては，各学校がその実施する行事の意義を踏まえて判断するのが適当である。

国旗及び国歌の指導については，社会科において，「国旗及び国歌の意義並びにそれらを相互に尊重することが国際的な儀礼であることの理解を通して，それらを尊重する態度を養うよう配慮すること」としている。

入学式や卒業式などにおける国旗及び国歌の指導に当たっては，このような社会科における指導などとの関連を図り，国旗及び国歌に対する正しい認識をもたせ，それらを尊重する態度を育てることが大切である。

第4節　特別活動の指導を担当する教師

　特別活動の内容は多様であり，このため指導に当たる教師については，対象になる生徒の集団の種類や規模に応じて，適正な役割の分担が必要である。したがって，特別活動の各内容の特質に応じて，教師間の望ましい指導の組織と役割の分担を明確にし，指導計画の作成・実施の過程を重視して，協力体制の確立を図っていくことが必要である。

（1）　学級活動の場合

　学級活動については，日常の学級の生徒の実態を十分に把握し，それに即した指導が行われなければ十分な成果は期待できない。このために，指導に当たっては，学級の生徒を最もよく理解できる立場にある学級担任が適しており，学級経営の充実を図る観点から，適切な学級活動を実施することが重要である。同時に，活動する内容によっては，学級担任や学年の教師集団に加えて他の教師等の特性や専門性を生かした方が効果的である場合も少なくない。例えば，生徒指導に関わる問題，進路に関する問題，健康・安全や食の問題を取り上げる場合は，各内容に応じて，生徒指導主事，進路指導主事，保健体育担当教諭，養護教諭，栄養教諭，学校医，学校歯科医，学校薬剤師などが，学級担任や学年の他の教師とともに指導に当たることにより一層の効果を上げることもできる。

　また，学習指導や生徒指導・進路指導などのガイダンスに当たっては，学年全体そして学校全体として，共通に取り組むことも大切であり，学年の協働体制，他の教職員の協力体制，さらに家庭や地域等の教育力の活用など，学級活動の充実のための各学校の創意工夫が極めて重要である。

　学級活動をはじめ，特別活動の教育的な成果のいかんは，指導に当たる教師の姿勢に影響されるところが極めて大きい。そこで，以下，特別活動の充実のため，指導に当たる教師が留意すべき諸点を挙げてみることにする。

　ア　教師と生徒及び生徒相互の人間的な触れ合いを基盤とする指導であること。

　イ　生徒の問題を生徒と共に考え，共に歩もうとする教師の態度が大切であること。

　ウ　生徒に接する際には，常に温かな態度を保持し，公平かつ受容的で，生徒に信頼される教師であること。

　エ　教師の教育的な識見と適正な判断力を生かすとともに，問題によっては毅然とした態度で指導に当たる必要があること。

　オ　生徒の自主的，実践的な活動を助長し，常に生徒自身による創意工夫を引

き出すように指導すること。

カ　集団内の人間関係を的確に把握するとともに，人間尊重の精神に基づいて
生徒が望ましい人間関係を築くように指導に努めること。

(2)　学級活動以外の場合

　学級活動以外には，生徒会活動及び学校行事があり，いずれも学級や学年の所
属を離れた集団による活動となることが多い。これらの中には，固定した集団も
あれば，臨時に編成する集団もあり，担当の教師が広い範囲にまたがる場合が多
い。このように，教師が集団で指導に当たる場合には，教師間の連携・協力が特
に大切であり，全教師の共通理解に基づいて，次のような配慮の下に指導するこ
とが重要である。

ア　生徒会活動の場合，全校の生徒の組織としての活動であるため，生徒会活
動の全体の指導に当たる教師，各種の委員会の指導を担当する教師などを適
切に定め，教師間の連携を緊密にし，協力しながら適切な指導を行うこと。

イ　学校行事の場合，指導の対象となる生徒集団が大きいほか，特別活動の他
の内容や各教科等の学習と関連する場合が多く，また，家庭や地域社会と連
携して実施する場合もあるため，それぞれの学校行事の計画や指導の在り方
を十分に検討するとともに，全教師の役割分担を明確にし，学校の指導体制
の確立の下に協力して指導に当たるようにすること。

第5節 特別活動における評価

評価については，学習指導要領第1章の第3の2の（1）で，「生徒のよい点や進歩の状況などを積極的に評価し，学習したことの意義や価値を実感できるようにすること。また，各教科等の目標の実現に向けた学習状況を把握する観点から，単元や題材など内容や時間のまとまりを見通しながら評価の場面や方法を工夫して，学習の過程や成果を評価し，指導の改善や学習意欲の向上を図り，資質・能力の育成に生かすようにすること。」と示している。

特別活動の評価において，最も大切なことは，生徒一人一人のよさや可能性を生徒の学習過程から積極的に認めるようにするとともに，特別活動で育成を目指す資質・能力がどのように成長しているかということについて，各個人の活動状況を基に，評価を進めていくということである。そのためには，生徒が自己の活動を振り返り，新たな目標や課題をもてるようにするために，活動の結果だけでなく活動の過程における生徒の努力や意欲などを積極的に認めたり，生徒のよさを多面的・総合的に評価したりすることが大切である。そのため，生徒一人一人が，自らの学習状況やキャリア形成を見通したり，振り返ったりできるようにすることができるようなポートフォリオ的な教材などを活用して，自己評価や相互評価するなどの工夫が求められる。なお，生徒の自己評価や相互評価は学習活動であり，それをそのまま学習評価とすることは適切ではないが，学習評価の参考資料として適切に活用することにより，生徒の学習意欲の向上につなげることができる。自己評価の活動としては，学習指導要領第5章の第2の〔学級活動〕の3の（2）において，学級活動の内容（3）について，「学校，家庭及び地域における学習や生活の見通しを立て，学んだことを振り返りながら，新たな学習や生活への意欲につなげたり，将来の生き方を考えたりする活動を行うこと。その際，生徒が活動を記録し蓄積する教材等を活用すること。」とされたことを活用することが考えられる。

また，評価については，指導の改善に生かすという視点を重視することが重要である。評価を通して教師が指導の過程や方法について反省し，より効果的な指導が行えるような工夫や改善を図っていくことが大切である。

また，特別活動の評価に当たっては，各活動・学校行事について具体的な評価の観点を設定し，評価の場や時期，方法を明らかにする必要がある。その際，特に学習過程についての評価を大切にするとともに，生徒会活動や学校行事における生徒の姿を学級担任以外の教師とも共通理解を図って適切に評価できるようにすることが大切である。

付録

目次

- 付録1：学校教育法施行規則（抄）
- 付録2：中学校学習指導要領　第1章　総則
- 付録3：中学校学習指導要領　第5章　特別活動
- 付録4：小学校学習指導要領　第6章　特別活動
- 付録5：中学校学習指導要領　第3章　特別の教科　道徳
- 付録6：「道徳の内容」の学年段階・学校段階の一覧表

学校教育法施行規則（抄）

昭和二十二年五月二十三日文部省令第十一号
一部改正：平成二十九年三月三十一日文部科学省令第二十号
平成三十年八月二十七日文部科学省令第二十七号

第 四 章　小学校

第二節　教育課程

第五十条　小学校の教育課程は，国語，社会，算数，理科，生活，音楽，図画工作，家庭，
体育及び外国語の各教科（以下この節において「各教科」という。），特別の教科である
道徳，外国語活動，総合的な学習の時間並びに特別活動によつて編成するものとする。

2　私立の小学校の教育課程を編成する場合は，前項の規定にかかわらず，宗教を加える
ことができる。この場合においては，宗教をもつて前項の特別の教科である道徳に代え
ることができる。

第五十四条　児童が心身の状況によつて履修することが困難な各教科は，その児童の心身
の状況に適合するように課さなければならない。

第五十五条　小学校の教育課程に関し，その改善に資する研究を行うため特に必要があり，
かつ，児童の教育上適切な配慮がなされていると文部科学大臣が認める場合においては，
文部科学大臣が別に定めるところにより，第五十条第一項，第五十一条（中学校連携型
小学校にあつては第五十二条の三，第七十九条の九第二項に規定する中学校併設型小学
校にあつては第七十九条の十二において準用する第七十九条の五第一項）又は第五十二
条の規定によらないことができる。

第五十五条の二　文部科学大臣が，小学校において，当該小学校又は当該小学校が設置さ
れている地域の実態に照らし，より効果的な教育を実施するため，当該小学校又は当該
地域の特色を生かした特別の教育課程を編成して教育を実施する必要があり，かつ，当
該特別の教育課程について，教育基本法（平成十八年法律第百二十号）及び学校教育法
第三十条第一項の規定等に照らして適切であり，児童の教育上適切な配慮がなされてい
るものとして文部科学大臣が定める基準を満たしていると認める場合においては，文部
科学大臣が別に定めるところにより，第五十条第一項，第五十一条（中学校連携型小学
校にあつては第五十二条の三，第七十九条の九第二項に規定する中学校併設型小学校に
あつては第七十九条の十二において準用する第七十九条の五第一項）又は第五十二条の
規定の全部又は一部によらないことができる。

第五十六条　小学校において，学校生活への適応が困難であるため相当の期間小学校を欠
席し引き続き欠席すると認められる児童を対象として，その実態に配慮した特別の教育
課程を編成して教育を実施する必要があると文部科学大臣が認める場合においては，文
部科学大臣が別に定めるところにより，第五十条第一項，第五十一条（中学校連携型小
学校にあつては第五十二条の三，第七十九条の九第二項に規定する中学校併設型小学校
にあつては第七十九条の十二において準用する第七十九条の五第一項）又は第五十二条
の規定によらないことができる。

第五十六条の二　小学校において，日本語に通じない児童のうち，当該児童の日本語を理
解し，使用する能力に応じた特別の指導を行う必要があるものを教育する場合には，文

部科学大臣が別に定めるところにより，第五十条第一項，第五十一条（中学校連携型小学校にあつては第五十二条の三，第七十九条の九第二項に規定する中学校併設型小学校にあつては第七十九条の十二において準用する第七十九条の五第一項）及び第五十二条の規定にかかわらず，特別の教育課程によることができる。

第五十六条の三　前条の規定により特別の教育課程による場合においては，校長は，児童が設置者の定めるところにより他の小学校，義務教育学校の前期課程又は特別支援学校の小学部において受けた授業を，当該児童の在学する小学校において受けた当該特別の教育課程に係る授業とみなすことができる。

第五十六条の四　小学校において，学齢を経過した者のうち，その者の年齢，経験又は勤労の状況その他の実情に応じた特別の指導を行う必要があるものを夜間その他特別の時間において教育する場合には，文部科学大臣が別に定めるところにより，第五十条第一項，第五十一条（中学校連携型小学校にあつては第五十二条の三，第七十九条の九第二項に規定する中学校併設型小学校にあつては第七十九条の十二において準用する第七十九条の五第一項）及び第五十二条の規定にかかわらず，特別の教育課程によることができる。

第三節　学年及び授業日

第六十一条　公立小学校における休業日は，次のとおりとする。ただし，第三号に掲げる日を除き，当該学校を設置する地方公共団体の教育委員会（公立大学法人の設置する小学校にあつては，当該公立大学法人の理事長。第三号において同じ。）が必要と認める場合は，この限りでない。
一　国民の祝日に関する法律（昭和二十三年法律第百七十八号）に規定する日
二　日曜日及び土曜日
三　学校教育法施行令第二十九条第一項の規定により教育委員会が定める日
第六十二条　私立小学校における学期及び休業日は，当該学校の学則で定める。

第 五 章　中学校

付録1

第七十二条　中学校の教育課程は，国語，社会，数学，理科，音楽，美術，保健体育，技術・家庭及び外国語の各教科（以下本章及び第七章中「各教科」という。），特別の教科である道徳，総合的な学習の時間並びに特別活動によつて編成するものとする。

第七十三条　中学校（併設型中学校，第七十四条の二第二項に規定する小学校連携型中学校，第七十五条第二項に規定する連携型中学校及び第七十九条の九第二項に規定する小学校併設型中学校を除く。）の各学年における各教科，特別の教科である道徳，総合的な学習の時間及び特別活動のそれぞれの授業時数並びに各学年におけるこれらの総授業時数は，別表第二に定める授業時数を標準とする。

第七十四条　中学校の教育課程については，この章に定めるもののほか，教育課程の基準として文部科学大臣が別に公示する中学校学習指導要領によるものとする。

第七十九条　第四十一条から第四十九条まで，第五十条第二項，第五十四条から第六十八

条までの規定は，中学校に準用する。この場合において，第四十二条中「五学級」とあるのは「二学級」と，第五十五条から第五十六条の二まで及び第五十六条の四の規定中「第五十条第一項」とあるのは「第七十二条」と，「第五十一条（中学校連携型小学校にあつては第五十二条の三，第七十九条の九第二項に規定する中学校併設型小学校にあつては第七十九条の十二において準用する第七十九条の五第一項）」とあるのは「第七十三条（併設型中学校にあつては第百十七条において準用する第百七条，小学校連携型中学校にあつては第七十四条の三，連携型中学校にあつては第七十六条，第七十九条の九第二項に規定する小学校併設型中学校にあつては第七十九条の十二において準用する第七十九条の五第二項）」と，「第五十二条」とあるのは「第七十四条」と，第五十五条の二中「第三十条第一項」とあるのは「第四十六条」と，第五十六条の三中「他の小学校，義務教育学校の前期課程又は特別支援学校の小学部」とあるのは「他の中学校，義務教育学校の後期課程，中等教育学校の前期課程又は特別支援学校の中学部」と読み替えるものとする。

第八章　特別支援教育

第百三十四条の二　校長は，特別支援学校に在学する児童等について個別の教育支援計画（学校と医療，保健，福祉，労働等に関する業務を行う関係機関及び民間団体（次項において「関係機関等」という。）との連携の下に行う当該児童等に対する長期的な支援に関する計画をいう。）を作成しなければならない。

2　校長は，前項の規定により個別の教育支援計画を作成するに当たつては，当該児童等又はその保護者の意向を踏まえつつ，あらかじめ，関係機関等と当該児童等の支援に関する必要な情報の共有を図らなければならない。

第百三十八条　小学校，中学校若しくは義務教育学校又は中等教育学校の前期課程における特別支援学級に係る教育課程については，特に必要がある場合は，第五十条第一項（第七十九条の六第一項において準用する場合を含む。），第五十一条，第五十二条（第七十九条の六第一項において準用する場合を含む。），第五十二条の三，第七十二条（第七十九条の六第二項及び第百八条第一項において準用する場合を含む。），第七十三条，第七十四条（第七十九条の六第二項及び第百八条第一項において準用する場合を含む。），第七十四条の三，第七十六条，第七十九条の五（第七十九条の十二において準用する場合を含む。）及び第百七条（第百十七条において準用する場合を含む。）の規定にかかわらず，特別の教育課程によることができる。

第百三十九条の二　第百三十四条の二の規定は，小学校，中学校若しくは義務教育学校又は中等教育学校の前期課程における特別支援学級の児童又は生徒について準用する。

第百四十条　小学校，中学校，義務教育学校，高等学校又は中等教育学校において，次の各号のいずれかに該当する児童又は生徒（特別支援学級の児童及び生徒を除く。）のうち当該障害に応じた特別の指導を行う必要があるものを教育する場合には，文部科学大臣が別に定めるところにより，第五十条第一項（第七十九条の六第一項において準用する場合を含む。），第五十一条，第五十二条（第七十九条の六第一項において準用する場合

を含む。），第五十二条の三，第七十二条（第七十九条の六第二項及び第百八条第一項において準用する場合を含む。），第七十三条，第七十四条（第七十九条の六第二項及び第百八条第一項において準用する場合を含む。），第七十四条の三，第七十六条，第七十九条の五（第七十九条の十二において準用する場合を含む。），第八十三条及び第八十四条（第百八条第二項において準用する場合を含む。）並びに第百七条（第百十七条において準用する場合を含む。）の規定にかかわらず，特別の教育課程によることができる。

一　言語障害者

二　自閉症者

三　情緒障害者

四　弱視者

五　難聴者

六　学習障害者

七　注意欠陥多動性障害者

八　その他障害のある者で，この条の規定により特別の教育課程による教育を行うことが適当なもの

第百四十一条　前条の規定により特別の教育課程による場合においては，校長は，児童又は生徒が，当該小学校，中学校，義務教育学校，高等学校又は中等教育学校の設置者の定めるところにより他の小学校，中学校，義務教育学校，高等学校，中等教育学校又は特別支援学校の小学部，中学部若しくは高等部において受けた授業を，当該小学校，中学校，義務教育学校，高等学校又は中等教育学校において受けた当該特別の教育課程に係る授業とみなすことができる。

第百四十一条の二　第百三十四条の二の規定は，第百四十条の規定により特別の指導が行われている児童又は生徒について準用する。

附 則（平成二十九年三月三十一日文部科学省令第二十号）

この省令は，平成三十二年四月一日から施行する。

付録1

別表第二（第七十三条関係）

区　　　分		第1学年	第2学年	第3学年
各　教　科　の 授　業　時　数	国　　　　　語	140	140	105
	社　　　　　会	105	105	140
	数　　　　　学	140	105	140
	理　　　　　科	105	140	140
	音　　　　　楽	45	35	35
	美　　　　　術	45	35	35
	保　健　体　育	105	105	105
	技　術　・　家　庭	70	70	35
	外　　国　　語	140	140	140
特別の教科である道徳の授業時数		35	35	35
総合的な学習の時間の授業時数		50	70	70
特　別　活　動　の　授　業　時　数		35	35	35
総　　授　　業　　時　　数		1015	1015	1015

備考

一　この表の授業時数の一単位時間は，五十分とする。

二　特別活動の授業時数は，中学校学習指導要領で定める学級活動（学校給食に係るものを除く。）に充てるものとする。

付録1

中学校学習指導要領　第1章　総則

● 第1　中学校教育の基本と教育課程の役割

1　各学校においては，教育基本法及び学校教育法その他の法令並びにこの章以下に示すところに従い，生徒の人間として調和のとれた育成を目指し，生徒の心身の発達の段階や特性及び学校や地域の実態を十分考慮して，適切な教育課程を編成するものとし，これらに掲げる目標を達成するよう教育を行うものとする。

2　学校の教育活動を進めるに当たっては，各学校において，第3の1に示す主体的・対話的で深い学びの実現に向けた授業改善を通して，創意工夫を生かした特色ある教育活動を展開する中で，次の(1)から(3)までに掲げる事項の実現を図り，生徒に生きる力を育むことを目指すものとする。

(1)　基礎的・基本的な知識及び技能を確実に習得させ，これらを活用して課題を解決するために必要な思考力，判断力，表現力等を育むとともに，主体的に学習に取り組む態度を養い，個性を生かし多様な人々との協働を促す教育の充実に努めること。その際，生徒の発達の段階を考慮して，生徒の言語活動など，学習の基盤をつくる活動を充実するとともに，家庭との連携を図りながら，生徒の学習習慣が確立するよう配慮すること。

(2)　道徳教育や体験活動，多様な表現や鑑賞の活動等を通して，豊かな心や創造性の涵養を目指した教育の充実に努めること。

　　学校における道徳教育は，特別の教科である道徳（以下「道徳科」という。）を要として学校の教育活動全体を通じて行うものであり，道徳科はもとより，各教科，総合的な学習の時間及び特別活動のそれぞれの特質に応じて，生徒の発達の段階を考慮して，適切な指導を行うこと。

　　道徳教育は，教育基本法及び学校教育法に定められた教育の根本精神に基づき，人間としての生き方を考え，主体的な判断の下に行動し，自立した人間として他者と共によりよく生きるための基盤となる道徳性を養うことを目標とすること。

　　道徳教育を進めるに当たっては，人間尊重の精神と生命に対する畏敬の念を家庭，学校，その他社会における具体的な生活の中に生かし，豊かな心をもち，伝統と文化を尊重し，それらを育んできた我が国と郷土を愛し，個性豊かな文化の創造を図るとともに，平和で民主的な国家及び社会の形成者として，公共の精神を尊び，社会及び国家の発展に努め，他国を尊重し，国際社会の平和と発展や環境の保全に貢献し未来を拓く主体性のある日本人の育成に資することとなるよう特に留意すること。

(3)　学校における体育・健康に関する指導を，生徒の発達の段階を考慮して，学校の教育活動全体を通じて適切に行うことにより，健康で安全な生活と豊かなスポーツライフの実現を目指した教育の充実に努めること。特に，学校における食育の推進並びに体力の向上に関する指導，安全に関する指導及び心身の健康の保持増進に関する指導については，保健体育科，技術・家庭科及び特別活動の時間はもとより，各教科，道徳科及び総合的な学習の時間などにおいてもそれぞれの特質に応じて適切に行うよう努めること。また，それらの指導を通して，家庭や地域社会との連携を図りながら，日常生活において適切な体育・健康に関する活動の実践を促し，生涯を通じて健康・安全で活力ある生活を送るための基礎が培われるよう配慮すること。

3　2の(1)から(3)までに掲げる事項の実現を図り，豊かな創造性を備え持続可能な社会の創り手となることが期待される生徒に，生きる力を育むことを目指すに当たっては，学校教育全体並びに各教科，道徳科，総合的な学習の時間及び特別活動（以下「各教科等」という。ただし，第2の3の(2)のア及びウにおいて，特別活動については学級活動（学校給食に係るものを除く。）に限る。）の指導を通してどのような資質・能力の育成を目指すのかを明確にしながら，教育活動の充

付録2

実を図るものとする。その際，生徒の発達の段階や特性等を踏まえつつ，次に掲げることが偏りなく実現できるようにするものとする。

(1) 知識及び技能が習得されるようにすること。

(2) 思考力，判断力，表現力等を育成すること。

(3) 学びに向かう力，人間性等を涵養すること。

4 各学校においては，生徒や学校，地域の実態を適切に把握し，教育の目的や目標の実現に必要な教育の内容等を教科等横断的な視点で組み立てていくこと，教育課程の実施状況を評価してその改善を図っていくこと，教育課程の実施に必要な人的又は物的な体制を確保するとともにその改善を図っていくことなどを通して，教育課程に基づき組織的かつ計画的に各学校の教育活動の質の向上を図っていくこと（以下「カリキュラム・マネジメント」という。）に努めるものとする。

● 第2 教育課程の編成

1 各学校の教育目標と教育課程の編成

教育課程の編成に当たっては，学校教育全体や各教科等における指導を通して育成を目指す資質・能力を踏まえつつ，各学校の教育目標を明確にするとともに，教育課程の編成についての基本的な方針が家庭や地域とも共有されるよう努めるものとする。その際，第4章総合的な学習の時間の第2の1に基づき定められる目標との関連を図るものとする。

2 教科等横断的な視点に立った資質・能力の育成

(1) 各学校においては，生徒の発達の段階を考慮し，言語能力，情報活用能力（情報モラルを含む。），問題発見・解決能力等の学習の基盤となる資質・能力を育成していくことができるよう，各教科等の特質を生かし，教科等横断的な視点から教育課程の編成を図るものとする。

(2) 各学校においては，生徒や学校，地域の実態及び生徒の発達の段階を考慮し，豊かな人生の実現や災害等を乗り越えて次代の社会を形成することに向けた現代的な諸課題に対応して求められる資質・能力を，教科等横断的な視点で育成していくことができるよう，各学校の特色を生かした教育課程の編成を図るものとする。

3 教育課程の編成における共通的事項

(1) 内容等の取扱い

ア 第2章以下に示す各教科，道徳科及び特別活動の内容に関する事項は，特に示す場合を除き，いずれの学校においても取り扱わなければならない。

イ 学校において特に必要がある場合には，第2章以下に示していない内容を加えて指導することができる。また，第2章以下に示す内容の取扱いのうち内容の範囲や程度等を示す事項は，全ての生徒に対して指導するものとする内容の範囲や程度等を示したものであり，学校において特に必要がある場合には，この事項にかかわらず加えて指導することができる。ただし，これらの場合には，第2章以下に示す各教科，道徳科及び特別活動の目標や内容の趣旨を逸脱したり，生徒の負担過重となったりすることのないようにしなければならない。

ウ 第2章以下に示す各教科，道徳科及び特別活動の内容に掲げる事項の順序は，特に示す場合を除き，指導の順序を示すものではないので，学校においては，その取扱いについて適切な工夫を加えるものとする。

エ 学校において2以上の学年の生徒で編制する学級について特に必要がある場合には，各教科の目標の達成に支障のない範囲内で，各教科の目標及び内容について学年別の順序によらないことができる。

オ 各学校においては，生徒や学校，地域の実態を考慮して，生徒の特性等に応じた多様な学

習活動が行えるよう，第2章に示す各教科や，特に必要な教科を，選択教科として開設し生徒に履修させることができる。その場合にあっては，全ての生徒に指導すべき内容との関連を図りつつ，選択教科の授業時数及び内容を適切に定め選択教科の指導計画を作成し，生徒の負担加重となることのないようにしなければならない。また，特に必要な教科の名称，目標，内容などについては，各学校が適切に定めるものとする。

カ　道徳科を要として学校の教育活動全体を通じて行う道徳教育の内容は，第3章特別の教科道徳の第2に示す内容とし，その実施に当たっては，第6に示す道徳教育に関する配慮事項を踏まえるものとする。

(2) 授業時数等の取扱い

ア　各教科等の授業は，年間35週以上にわたって行うよう計画し，週当たりの授業時数が生徒の負担過重にならないようにするものとする。ただし，各教科等や学習活動の特質に応じ効果的な場合には，夏季，冬季，学年末等の休業日の期間に授業日を設定する場合を含め，これらの授業を特定の期間に行うことができる。

イ　特別活動の授業のうち，生徒会活動及び学校行事については，それらの内容に応じ，年間，学期ごと，月ごとなどに適切な授業時数を充てるものとする。

ウ　各学校の時間割については，次の事項を踏まえ適切に編成するものとする。

(ア)　各教科等のそれぞれの授業の1単位時間は，各学校において，各教科等の年間授業時数を確保しつつ，生徒の発達の段階及び各教科等や学習活動の特質を考慮して適切に定めること。

(イ)　各教科等の特質に応じ，10分から15分程度の短い時間を活用して特定の教科等の指導を行う場合において，当該教科等を担当する教師が，単元や題材など内容や時間のまとまりを見通した中で，その指導内容の決定や指導の成果の把握と活用等を責任をもって行う体制が整備されているときは，その時間を当該教科等の年間授業時数に含めることができること。

(ウ)　給食，休憩などの時間については，各学校において工夫を加え，適切に定めること。

(エ)　各学校において，生徒や学校，地域の実態，各教科等や学習活動の特質等に応じて，創意工夫を生かした時間割を弾力的に編成できること。

エ　総合的な学習の時間における学習活動により，特別活動の学校行事に掲げる各行事の実施と同様の成果が期待できる場合においては，総合的な学習の時間における学習活動をもって相当する特別活動の学校行事に掲げる各行事の実施に替えることができる。

(3) 指導計画の作成等に当たっての配慮事項

各学校においては，次の事項に配慮しながら，学校の創意工夫を生かし，全体として，調和のとれた具体的な指導計画を作成するものとする。

ア　各教科等の指導内容については，(1)のアを踏まえつつ，単元や題材など内容や時間のまとまりを見通しながら，そのまとめ方や重点の置き方に適切な工夫を加え，第3の1に示す主体的・対話的で深い学びの実現に向けた授業改善を通して資質・能力を育む効果的な指導ができるようにすること。

イ　各教科等及び各学年相互間の関連を図り，系統的，発展的な指導ができるようにすること。

4　学校段階間の接続

教育課程の編成に当たっては，次の事項に配慮しながら，学校段階間の接続を図るものとする。

(1) 小学校学習指導要領を踏まえ，小学校教育までの学習の成果が中学校教育に円滑に接続され，義務教育段階の終わりまでに育成することを目指す資質・能力を，生徒が確実に身に付けることができるよう工夫すること。特に，義務教育学校，小学校連携型中学校及び小学校併設型中学校においては，義務教育9年間を見通した計画的かつ継続的な教育課程を編成すること。

付録2

(2) 高等学校学習指導要領を踏まえ，高等学校教育及びその後の教育との円滑な接続が図られるよう工夫すること。特に，中等教育学校，連携型中学校及び併設型中学校においては，中等教育6年間を見通した計画的かつ継続的な教育課程を編成すること。

● 第3　教育課程の実施と学習評価

1　主体的・対話的で深い学びの実現に向けた授業改善
　　各教科等の指導に当たっては，次の事項に配慮するものとする。
(1)　第1の3の(1)から(3)までに示すことが偏りなく実現されるよう，単元や題材など内容や時間のまとまりを見通しながら，生徒の主体的・対話的で深い学びの実現に向けた授業改善を行うこと。
　　　特に，各教科等において身に付けた知識及び技能を活用したり，思考力，判断力，表現力等や学びに向かう力，人間性等を発揮させたりして，学習の対象となる物事を捉え思考することにより，各教科等の特質に応じた物事を捉える視点や考え方（以下「見方・考え方」という。）が鍛えられていくことに留意し，生徒が各教科等の特質に応じた見方・考え方を働かせながら，知識を相互に関連付けてより深く理解したり，情報を精査して考えを形成したり，問題を見いだして解決策を考えたり，思いや考えを基に創造したりすることに向かう過程を重視した学習の充実を図ること。
(2)　第2の2の(1)に示す言語能力の育成を図るため，各学校において必要な言語環境を整えるとともに，国語科を要としつつ各教科等の特質に応じて，生徒の言語活動を充実すること。あわせて，(7)に示すとおり読書活動を充実すること。
(3)　第2の2の(1)に示す情報活用能力の育成を図るため，各学校において，コンピュータや情報通信ネットワークなどの情報手段を活用するために必要な環境を整え，これらを適切に活用した学習活動の充実を図ること。また，各種の統計資料や新聞，視聴覚教材や教育機器などの教材・教具の適切な活用を図ること。
(4)　生徒が学習の見通しを立てたり学習したことを振り返ったりする活動を，計画的に取り入れるように工夫すること。
(5)　生徒が生命の有限性や自然の大切さ，主体的に挑戦してみることや多様な他者と協働することの重要性などを実感しながら理解することができるよう，各教科等の特質に応じた体験活動を重視し，家庭や地域社会と連携しつつ体系的・継続的に実施できるよう工夫すること。
(6)　生徒が自ら学習課題や学習活動を選択する機会を設けるなど，生徒の興味・関心を生かした自主的，自発的な学習が促されるよう工夫すること。
(7)　学校図書館を計画的に利用しその機能の活用を図り，生徒の主体的・対話的で深い学びの実現に向けた授業改善に生かすとともに，生徒の自主的，自発的な学習活動や読書活動を充実すること。また，地域の図書館や博物館，美術館，劇場，音楽堂等の施設の活用を積極的に図り，資料を活用した情報の収集や鑑賞等の学習活動を充実すること。

2　学習評価の充実
　　学習評価の実施に当たっては，次の事項に配慮するものとする。
(1)　生徒のよい点や進歩の状況などを積極的に評価し，学習したことの意義や価値を実感できるようにすること。また，各教科等の目標の実現に向けた学習状況を把握する観点から，単元や題材など内容や時間のまとまりを見通しながら評価の場面や方法を工夫して，学習の過程や成果を評価し，指導の改善や学習意欲の向上を図り，資質・能力の育成に生かすようにすること。
(2)　創意工夫の中で学習評価の妥当性や信頼性が高められるよう，組織的かつ計画的な取組を推進するとともに，学年や学校段階を越えて生徒の学習の成果が円滑に接続されるように工夫す

ること。

● 第4　生徒の発達の支援

1　生徒の発達を支える指導の充実

　教育課程の編成及び実施に当たっては，次の事項に配慮するものとする。

(1)　学習や生活の基盤として，教師と生徒との信頼関係及び生徒相互のよりよい人間関係を育てるため，日頃から学級経営の充実を図ること。また，主に集団の場面で必要な指導や援助を行うガイダンスと，個々の生徒の多様な実態を踏まえ，一人一人が抱える課題に個別に対応した指導を行うカウンセリングの双方により，生徒の発達を支援すること。

(2)　生徒が，自己の存在感を実感しながら，よりよい人間関係を形成し，有意義で充実した学校生活を送る中で，現在及び将来における自己実現を図っていくことができるよう，生徒理解を深め，学習指導と関連付けながら，生徒指導の充実を図ること。

(3)　生徒が，学ぶことと自己の将来とのつながりを見通しながら，社会的・職業的自立に向けて必要な基盤となる資質・能力を身に付けていくことができるよう，特別活動を要としつつ各教科等の特質に応じて，キャリア教育の充実を図ること。その中で，生徒が自らの生き方を考え主体的に進路を選択することができるよう，学校の教育活動全体を通じ，組織的かつ計画的な進路指導を行うこと。

(4)　生徒が，基礎的・基本的な知識及び技能の習得も含め，学習内容を確実に身に付けることができるよう，生徒や学校の実態に応じ，個別学習やグループ別学習，繰り返し学習，学習内容の習熟の程度に応じた学習，生徒の興味・関心等に応じた課題学習，補充的な学習や発展的な学習などの学習活動を取り入れることや，教師間の協力による指導体制を確保することなど，指導方法や指導体制の工夫改善により，個に応じた指導の充実を図ること。その際，第3の1の(3)に示す情報手段や教材・教具の活用を図ること。

2　特別な配慮を必要とする生徒への指導

(1)　障害のある生徒などへの指導

　ア　障害のある生徒などについては，特別支援学校等の助言又は援助を活用しつつ，個々の生徒の障害の状態等に応じた指導内容や指導方法の工夫を組織的かつ計画的に行うものとする。

　イ　特別支援学級において実施する特別の教育課程については，次のとおり編成するものとする。

　　(ア)　障害による学習上又は生活上の困難を克服し自立を図るため，特別支援学校小学部・中学部学習指導要領第7章に示す自立活動を取り入れること。

　　(イ)　生徒の障害の程度や学級の実態等を考慮の上，各教科の目標や内容を下学年の教科の目標や内容に替えたり，各教科を，知的障害者である生徒に対する教育を行う特別支援学校の各教科に替えたりするなどして，実態に応じた教育課程を編成すること。

　ウ　障害のある生徒に対して，通級による指導を行い，特別の教育課程を編成する場合には，特別支援学校小学部・中学部学習指導要領第7章に示す自立活動の内容を参考とし，具体的な目標や内容を定め，指導を行うものとする。その際，効果的な指導が行われるよう，各教科等と通級による指導との関連を図るなど，教師間の連携に努めるものとする。

　エ　障害のある生徒などについては，家庭，地域及び医療や福祉，保健，労働等の業務を行う関係機関との連携を図り，長期的な視点で生徒への教育的支援を行うために，個別の教育支援計画を作成し活用することに努めるとともに，各教科等の指導に当たって，個々の生徒の実態を的確に把握し，個別の指導計画を作成し活用することに努めるものとする。特に，特

付録2

別支援学級に在籍する生徒や通級による指導を受ける生徒については，個々の生徒の実態を的確に把握し，個別の教育支援計画や個別の指導計画を作成し，効果的に活用するものとする。

(2) 海外から帰国した生徒などの学校生活への適応や，日本語の習得に困難のある生徒に対する日本語指導

ア　海外から帰国した生徒などについては，学校生活への適応を図るとともに，外国における生活経験を生かすなどの適切な指導を行うものとする。

イ　日本語の習得に困難のある生徒については，個々の生徒の実態に応じた指導内容や指導方法の工夫を組織的かつ計画的に行うものとする。特に，通級による日本語指導については，教師間の連携に努め，指導についての計画を個別に作成することなどにより，効果的な指導に努めるものとする。

(3) 不登校生徒への配慮

ア　不登校生徒については，保護者や関係機関と連携を図り，心理や福祉の専門家の助言又は援助を得ながら，社会的自立を目指す観点から，個々の生徒の実態に応じた情報の提供その他の必要な支援を行うものとする。

イ　相当の期間中学校を欠席し引き続き欠席すると認められる生徒を対象として，文部科学大臣が認める特別の教育課程を編成する場合には，生徒の実態に配慮した教育課程を編成するとともに，個別学習やグループ別学習など指導方法や指導体制の工夫改善に努めるものとする。

(4) 学齢を経過した者への配慮

ア　夜間その他の特別の時間に授業を行う課程において学齢を経過した者を対象として特別の教育課程を編成する場合には，学齢を経過した者の年齢，経験又は勤労状況その他の実情を踏まえ，中学校教育の目的及び目標並びに第2章以下に示す各教科等の目標に照らして，中学校教育を通じて育成を目指す資質・能力を身に付けることができるようにするものとする。

イ　学齢を経過した者を教育する場合には，個別学習やグループ別学習など指導方法や指導体制の工夫改善に努めるものとする。

● 第5　学校運営上の留意事項

1 教育課程の改善と学校評価，教育課程外の活動との連携等

ア　各学校においては，校長の方針の下に，校務分掌に基づき教職員が適切に役割を分担しつつ，相互に連携しながら，各学校の特色を生かしたカリキュラム・マネジメントを行うよう努めるものとする。また，各学校が行う学校評価については，教育課程の編成，実施，改善が教育活動や学校運営の中核となることを踏まえ，カリキュラム・マネジメントと関連付けながら実施するよう留意するものとする。

イ　教育課程の編成及び実施に当たっては，学校保健計画，学校安全計画，食に関する指導の全体計画，いじめの防止等のための対策に関する基本的な方針など，各分野における学校の全体計画等と関連付けながら，効果的な指導が行われるように留意するものとする。

ウ　教育課程外の学校教育活動と教育課程の関連が図られるように留意するものとする。特に，生徒の自主的，自発的な参加により行われる部活動については，スポーツや文化，科学等に親しませ，学習意欲の向上や責任感，連帯感の涵養等，学校教育が目指す資質・能力の育成に資するものであり，学校教育の一環として，教育課程との関連が図られるよう留意すること。その際，学校や地域の実態に応じ，地域の人々の協力，社会教育施設や社会教育関係団

体等の各種団体との連携などの運営上の工夫を行い，持続可能な運営体制が整えられるようにするものとする。

2　家庭や地域社会との連携及び協働と学校間の連携

　教育課程の編成及び実施に当たっては，次の事項に配慮するものとする。

　　ア　学校がその目的を達成するため，学校や地域の実態等に応じ，教育活動の実施に必要な人的又は物的な体制を家庭や地域の人々の協力を得ながら整えるなど，家庭や地域社会との連携及び協働を深めること。また，高齢者や異年齢の子供など，地域における世代を越えた交流の機会を設けること。

　　イ　他の中学校や，幼稚園，認定こども園，保育所，小学校，高等学校，特別支援学校などとの間の連携や交流を図るとともに，障害のある幼児児童生徒との交流及び共同学習の機会を設け，共に尊重し合いながら協働して生活していく態度を育むようにすること。

● 第6　道徳教育に関する配慮事項

　道徳教育を進めるに当たっては，道徳教育の特質を踏まえ，前項までに示す事項に加え，次の事項に配慮するものとする。

1　各学校においては，第1の2の(2)に示す道徳教育の目標を踏まえ，道徳教育の全体計画を作成し，校長の方針の下に，道徳教育の推進を主に担当する教師（以下「道徳教育推進教師」という。）を中心に，全教師が協力して道徳教育を展開すること。なお，道徳教育の全体計画の作成に当たっては，生徒や学校，地域の実態を考慮して，学校の道徳教育の重点目標を設定するとともに，道徳科の指導方針，第3章特別の教科道徳の第2に示す内容との関連を踏まえた各教科，総合的な学習の時間及び特別活動における指導の内容及び時期並びに家庭や地域社会との連携の方法を示すこと。

2　各学校においては，生徒の発達の段階や特性等を踏まえ，指導内容の重点化を図ること。その際，小学校における道徳教育の指導内容を更に発展させ，自立心や自律性を高め，規律ある生活をすること，生命を尊重する心や自らの弱さを克服して気高く生きようとする心を育てること，法やきまりの意義に関する理解を深めること，自らの将来の生き方を考え主体的に社会の形成に参画する意欲と態度を養うこと，伝統と文化を尊重し，それらを育んできた我が国と郷土を愛するとともに，他国を尊重すること，国際社会に生きる日本人としての自覚を身に付けることに留意すること。

3　学校や学級内の人間関係や環境を整えるとともに，職場体験活動やボランティア活動，自然体験活動，地域の行事への参加などの豊かな体験を充実すること。また，道徳教育の指導内容が，生徒の日常生活に生かされるようにすること。その際，いじめの防止や安全の確保等にも資することとなるよう留意すること。

4　学校の道徳教育の全体計画や道徳教育に関する諸活動などの情報を積極的に公表したり，道徳教育の充実のために家庭や地域の人々の積極的な参加や協力を得たりするなど，家庭や地域社会との共通理解を深め，相互の連携を図ること。

付録2

中学校学習指導要領　第5章　特別活動

● 第1　目　標

集団や社会の形成者としての見方・考え方を働かせ，様々な集団活動に自主的，実践的に取り組み，互いのよさや可能性を発揮しながら集団や自己の生活上の課題を解決することを通して，次のとおり資質・能力を育成することを目指す。

(1)　多様な他者と協働する様々な集団活動の意義や活動を行う上で必要となることについて理解し，行動の仕方を身に付けるようにする。

(2)　集団や自己の生活，人間関係の課題を見いだし，解決するために話し合い，合意形成を図ったり，意思決定したりすることができるようにする。

(3)　自主的，実践的な集団活動を通して身に付けたことを生かして，集団や社会における生活及び人間関係をよりよく形成するとともに，人間としての生き方についての考えを深め，自己実現を図ろうとする態度を養う。

● 第2　各活動・学校行事の目標及び内容

〔学級活動〕

1　目　標

学級や学校での生活をよりよくするための課題を見いだし，解決するために話し合い，合意形成し，役割を分担して協力して実践したり，学級での話合いを生かして自己の課題の解決及び将来の生き方を描くために意思決定して実践したりすることに，自主的，実践的に取り組むことを通して，第1の目標に掲げる資質・能力を育成することを目指す。

2　内　容

1の資質・能力を育成するため，全ての学年において，次の各活動を通して，それぞれの活動の意義及び活動を行う上で必要となることについて理解し，主体的に考えて実践できるよう指導する。

(1)　学級や学校における生活づくりへの参画

ア　学級や学校における生活上の諸問題の解決

学級や学校における生活をよりよくするための課題を見いだし，解決するために話し合い，合意形成を図り，実践すること。

イ　学級内の組織づくりや役割の自覚

学級生活の充実や向上のため，生徒が主体的に組織をつくり，役割を自覚しながら仕事を分担して，協力し合い実践すること。

ウ　学校における多様な集団の生活の向上

生徒会など学級の枠を超えた多様な集団における活動や学校行事を通して学校生活の向上を図るため，学級としての提案や取組を話し合って決めること。

(2)　日常の生活や学習への適応と自己の成長及び健康安全

ア　自他の個性の理解と尊重，よりよい人間関係の形成

自他の個性を理解して尊重し，互いのよさや可能性を発揮しながらよりよい集団生活をつくること。

イ　男女相互の理解と協力

付録3

男女相互について理解するとともに，共に協力し尊重し合い，充実した生活づくりに参画すること。

ウ　思春期の不安や悩みの解決，性的な発達への対応

心や体に関する正しい理解を基に，適切な行動をとり，悩みや不安に向き合い乗り越えようとすること。

エ　心身ともに健康で安全な生活態度や習慣の形成

節度ある生活を送るなど現在及び生涯にわたって心身の健康を保持増進することや，事件や事故，災害等から身を守り安全に行動すること。

オ　食育の観点を踏まえた学校給食と望ましい食習慣の形成

給食の時間を中心としながら，成長や健康管理を意識するなど，望ましい食習慣の形成を図るとともに，食事を通して人間関係をよりよくすること。

(3)　一人一人のキャリア形成と自己実現

ア　社会生活，職業生活との接続を踏まえた主体的な学習態度の形成と学校図書館等の活用

現在及び将来の学習と自己実現とのつながりを考えたり，自主的に学習する場としての学校図書館等を活用したりしながら，学ぶことと働くことの意義を意識して学習の見通しを立て，振り返ること。

イ　社会参画意識の醸成や勤労観・職業観の形成

社会の一員としての自覚や責任をもち，社会生活を営む上で必要なマナーやルール，働くことや社会に貢献することについて考えて行動すること。

ウ　主体的な進路の選択と将来設計

目標をもって，生き方や進路に関する適切な情報を収集・整理し，自己の個性や興味・関心と照らして考えること。

3　内容の取扱い

(1)　2の(1)の指導に当たっては，集団としての意見をまとめる話合い活動など小学校からの積み重ねや経験を生かし，それらを発展させることができるよう工夫すること。

(2)　2の(3)の指導に当たっては，学校，家庭及び地域における学習や生活の見通しを立て，学んだことを振り返りながら，新たな学習や生活への意欲につなげたり，将来の生き方を考えたりする活動を行うこと。その際，生徒が活動を記録し蓄積する教材等を活用すること。

〔生徒会活動〕

1　目　標

異年齢の生徒同士で協力し，学校生活の充実と向上を図るための諸問題の解決に向けて，計画を立て役割を分担し，協力して運営することに自主的，実践的に取り組むことを通して，第1の目標に掲げる資質・能力を育成することを目指す。

2　内　容

1の資質・能力を育成するため，学校の全生徒をもって組織する生徒会において，次の各活動を通して，それぞれの活動の意義及び活動を行う上で必要となることについて理解し，主体的に考えて実践できるよう指導する。

(1)　生徒会の組織づくりと生徒会活動の計画や運営

生徒が主体的に組織をつくり，役割を分担し，計画を立て，学校生活の課題を見いだし解決するために話し合い，合意形成を図り実践すること。

付録3

(2) 学校行事への協力

　学校行事の特質に応じて，生徒会の組織を活用して，計画の一部を担当したり，運営に主体的に協力したりすること。

(3) ボランティア活動などの社会参画

　地域や社会の課題を見いだし，具体的な対策を考え，実践し，地域や社会に参画できるようにすること。

〔学校行事〕

1　目　標

　全校又は学年の生徒で協力し，よりよい学校生活を築くための体験的な活動を通して，集団への所属感や連帯感を深め，公共の精神を養いながら，第1の目標に掲げる資質・能力を育成することを目指す。

2　内　容

　1の資質・能力を育成するため，全ての学年において，全校又は学年を単位として，次の各行事において，学校生活に秩序と変化を与え，学校生活の充実と発展に資する体験的な活動を行うことを通して，それぞれの学校行事の意義及び活動を行う上で必要となることについて理解し，主体的に考えて実践できるよう指導する。

(1) 儀式的行事

　学校生活に有意義な変化や折り目を付け，厳粛で清新な気分を味わい，新しい生活の展開への動機付けとなるようにすること。

(2) 文化的行事

　平素の学習活動の成果を発表し，自己の向上の意欲を一層高めたり，文化や芸術に親しんだりするようにすること。

(3) 健康安全・体育的行事

　心身の健全な発達や健康の保持増進，事件や事故，災害等から身を守る安全な行動や規律ある集団行動の体得，運動に親しむ態度の育成，責任感や連帯感の涵養，体力の向上などに資するようにすること。

(4) 旅行・集団宿泊的行事

　平素と異なる生活環境にあって，見聞を広め，自然や文化などに親しむとともに，よりよい人間関係を築くなどの集団生活の在り方や公衆道徳などについての体験を積むことができるようにすること。

(5) 勤労生産・奉仕的行事

　勤労の尊さや生産の喜びを体得し，職場体験活動などの勤労観・職業観に関わる啓発的な体験が得られるようにするとともに，共に助け合って生きることの喜びを体得し，ボランティア活動などの社会奉仕の精神を養う体験が得られるようにすること。

付録3

3　内容の取扱い

(1) 生徒や学校，地域の実態に応じて，2に示す行事の種類ごとに，行事及びその内容を重点化するとともに，各行事の趣旨を生かした上で，行事間の関連や統合を図るなど精選して実施すること。また，実施に当たっては，自然体験や社会体験などの体験活動を充実するとともに，体験活動を通して気付いたことなどを振り返り，まとめたり，発表し合ったりするなどの事後の活動を充実すること。

● 第3　指導計画の作成と内容の取扱い

1　指導計画の作成に当たっては，次の事項に配慮するものとする。

(1)　特別活動の各活動及び学校行事を見通して，その中で育む資質・能力の育成に向けて，生徒の主体的・対話的で深い学びの実現を図るようにすること。その際，よりよい人間関係の形成，よりよい集団生活の構築や社会への参画及び自己実現に資するよう，生徒が集団や社会の形成者としての見方・考え方を働かせ，様々な集団活動に自主的，実践的に取り組む中で，互いのよさや個性，多様な考えを認め合い，等しく合意形成に関わり役割を担うようにすることを重視すること。

(2)　各学校においては特別活動の全体計画や各活動及び学校行事の年間指導計画を作成すること。その際，学校の創意工夫を生かし，学級や学校，地域の実態，生徒の発達の段階などを考慮するとともに，第2に示す内容相互及び各教科，道徳科，総合的な学習の時間などの指導との関連を図り，生徒による自主的，実践的な活動が助長されるようにすること。また，家庭や地域の人々との連携，社会教育施設等の活用などを工夫すること。

(3)　学級活動における生徒の自発的，自治的な活動を中心として，各活動と学校行事を相互に関連付けながら，個々の生徒についての理解を深め，教師と生徒，生徒相互の信頼関係を育み，学級経営の充実を図ること。その際，特に，いじめの未然防止等を含めた生徒指導との関連を図るようにすること。

(4)　障害のある生徒などについては，学習活動を行う場合に生じる困難さに応じた指導内容や指導方法の工夫を計画的，組織的に行うこと。

(5)　第1章総則の第1の2の(2)に示す道徳教育の目標に基づき，道徳科などとの関連を考慮しながら，第3章特別の教科道徳の第2に示す内容について，特別活動の特質に応じて適切な指導をすること。

2　第2の内容の取扱いについては，次の事項に配慮するものとする。

(1)　学級活動及び生徒会活動の指導については，指導内容の特質に応じて，教師の適切な指導の下に，生徒の自発的，自治的な活動が効果的に展開されるようにすること。その際，よりよい生活を築くために自分たちできまりをつくって守る活動などを充実するよう工夫すること。

(2)　生徒及び学校の実態並びに第1章総則の第6の2に示す道徳教育の重点などを踏まえ，各学年において取り上げる指導内容の重点化を図るとともに，必要に応じて，内容間の関連や統合を図ったり，他の内容を加えたりすることができること。

(3)　学校生活への適応や人間関係の形成，進路の選択などについては，主に集団の場面で必要な指導や援助を行うガイダンスと，個々の生徒の多様な実態を踏まえ，一人一人が抱える課題に個別に対応した指導を行うカウンセリング（教育相談を含む。）の双方の趣旨を踏まえて指導を行うこと。特に入学当初においては，個々の生徒が学校生活に適応するとともに，希望や目標をもって生活をできるよう工夫すること。あわせて，生徒の家庭との連絡を密にすること。

(4)　異年齢集団による交流を重視するとともに，幼児，高齢者，障害のある人々などとの交流や対話，障害のある幼児児童生徒との交流及び共同学習の機会を通して，協働することや，他者の役に立ったり社会に貢献したりすることの喜びを得られる活動を充実すること。

3　入学式や卒業式などにおいては，その意義を踏まえ，国旗を掲揚するとともに，国歌を斉唱するよう指導するものとする。

付録3

小学校学習指導要領　第6章　特別活動

● 第1　目　標

　集団や社会の形成者としての見方・考え方を働かせ，様々な集団活動に自主的，実践的に取り組み，互いのよさや可能性を発揮しながら集団や自己の生活上の課題を解決することを通して，次のとおり資質・能力を育成することを目指す。

(1)　多様な他者と協働する様々な集団活動の意義や活動を行う上で必要となることについて理解し，行動の仕方を身に付けるようにする。

(2)　集団や自己の生活，人間関係の課題を見いだし，解決するために話し合い，合意形成を図ったり，意思決定したりすることができるようにする。

(3)　自主的，実践的な集団活動を通して身に付けたことを生かして，集団や社会における生活及び人間関係をよりよく形成するとともに，自己の生き方についての考えを深め，自己実現を図ろうとする態度を養う。

● 第2　各活動・学校行事の目標及び内容

〔学級活動〕

1　目　標

　学級や学校での生活をよりよくするための課題を見いだし，解決するために話し合い，合意形成し，役割を分担して協力して実践したり，学級での話合いを生かして自己の課題の解決及び将来の生き方を描くために意思決定して実践したりすることに，自主的，実践的に取り組むことを通して，第1の目標に掲げる資質・能力を育成することを目指す。

2　内　容

　1の資質・能力を育成するため，全ての学年において，次の各活動を通して，それぞれの活動の意義及び活動を行う上で必要となることについて理解し，主体的に考えて実践できるよう指導する。

(1)　学級や学校における生活づくりへの参画

　ア　学級や学校における生活上の諸問題の解決

　　　学級や学校における生活をよりよくするための課題を見いだし，解決するために話し合い，合意形成を図り，実践すること。

　イ　学級内の組織づくりや役割の自覚

　　　学級生活の充実や向上のため，児童が主体的に組織をつくり，役割を自覚しながら仕事を分担して，協力し合い実践すること。

　ウ　学校における多様な集団の生活の向上

　　　児童会など学級の枠を超えた多様な集団における活動や学校行事を通して学校生活の向上を図るため，学級としての提案や取組を話し合って決めること。

(2)　日常の生活や学習への適応と自己の成長及び健康安全

　ア　基本的な生活習慣の形成

　　　身の回りの整理や挨拶などの基本的な生活習慣を身に付け，節度ある生活にすること。

　イ　よりよい人間関係の形成

　　　学級や学校の生活において互いのよさを見付け，違いを尊重し合い，仲よくしたり信頼し

合ったりして生活すること。

ウ　心身ともに健康で安全な生活態度の形成

現在及び生涯にわたって心身の健康を保持増進することや，事件や事故，災害等から身を守り安全に行動すること。

エ　食育の観点を踏まえた学校給食と望ましい食習慣の形成

給食の時間を中心としながら，健康によい食事のとり方など，望ましい食習慣の形成を図るとともに，食事を通して人間関係をよりよくすること。

(3)　一人一人のキャリア形成と自己実現

ア　現在や将来に希望や目標をもって生きる意欲や態度の形成

学級や学校での生活づくりに主体的に関わり，自己を生かそうとするとともに，希望や目標をもち，その実現に向けて日常の生活をよりよくしようとすること。

イ　社会参画意識の醸成や働くことの意義の理解

清掃などの当番活動や係活動等の自己の役割を自覚して協働することの意義を理解し，社会の一員として役割を果たすために必要となることについて主体的に考えて行動すること。

ウ　主体的な学習態度の形成と学校図書館等の活用

学ぶことの意義や現在及び将来の学習と自己実現とのつながりを考えたり，自主的に学習する場としての学校図書館等を活用したりしながら，学習の見通しを立て，振り返ること。

3　内容の取扱い

(1)　指導に当たっては，各学年段階で特に次の事項に配慮すること。

〔第1学年及び第2学年〕

話合いの進め方に沿って，自分の意見を発表したり，他者の意見をよく聞いたりして，合意形成して実践することのよさを理解すること。基本的な生活習慣や，約束やきまりを守ることの大切さを理解して行動し，生活をよくするための目標を決めて実行すること。

〔第3学年及び第4学年〕

理由を明確にして考えを伝えたり，自分と異なる意見も受け入れたりしながら，集団としての目標や活動内容について合意形成を図り，実践すること。自分のよさや役割を自覚し，よく考えて行動するなど節度ある生活を送ること。

〔第5学年及び第6学年〕

相手の思いを受け止めて聞いたり，相手の立場や考え方を理解したりして，多様な意見のよさを積極的に生かして合意形成を図り，実践すること。高い目標をもって粘り強く努力し，自他のよさを伸ばし合うようにすること。

(2)　2の(3)の指導に当たっては，学校，家庭及び地域における学習や生活の見通しを立て，学んだことを振り返りながら，新たな学習や生活への意欲につなげたり，将来の生き方を考えたりする活動を行うこと。その際，児童が活動を記録し蓄積する教材等を活用すること。

〔児童会活動〕

1　目　標

異年齢の児童同士で協力し，学校生活の充実と向上を図るための諸問題の解決に向けて，計画を立て役割を分担し，協力して運営することに自主的，実践的に取り組むことを通して，第1の目標に掲げる資質・能力を育成することを目指す。

2　内　容

1の資質・能力を育成するため，学校の全児童をもって組織する児童会において，次の各活動

付録4

157

を通して，それぞれの活動の意義及び活動を行う上で必要となることについて理解し，主体的に考えて実践できるよう指導する。

(1) 児童会の組織づくりと児童会活動の計画や運営

　　児童が主体的に組織をつくり，役割を分担し，計画を立て，学校生活の課題を見いだし解決するために話し合い，合意形成を図り実践すること。

(2) 異年齢集団による交流

　　児童会が計画や運営を行う集会等の活動において，学年や学級が異なる児童と共に楽しく触れ合い，交流を図ること。

(3) 学校行事への協力

　　学校行事の特質に応じて，児童会の組織を活用して，計画の一部を担当したり，運営に協力したりすること。

3　内容の取扱い

(1) 児童会の計画や運営は，主として高学年の児童が行うこと。その際，学校の全児童が主体的に活動に参加できるものとなるよう配慮すること。

〔クラブ活動〕

1　目　標

　　異年齢の児童同士で協力し，共通の興味・関心を追求する集団活動の計画を立てて運営することに自主的，実践的に取り組むことを通して，個性の伸長を図りながら，第1の目標に掲げる資質・能力を育成することを目指す。

2　内　容

　　1の資質・能力を育成するため，主として第4学年以上の同好の児童をもって組織するクラブにおいて，次の各活動を通して，それぞれの活動の意義及び活動を行う上で必要となることについて理解し，主体的に考えて実践できるよう指導する。

(1) クラブの組織づくりとクラブ活動の計画や運営

　　児童が活動計画を立て，役割を分担し，協力して運営に当たること。

(2) クラブを楽しむ活動

　　異なる学年の児童と協力し，創意工夫を生かしながら共通の興味・関心を追求すること。

(3) クラブの成果の発表

　　活動の成果について，クラブの成員の発意・発想を生かし，協力して全校の児童や地域の人々に発表すること。

〔学校行事〕

1　目　標

　　全校又は学年の児童で協力し，よりよい学校生活を築くための体験的な活動を通して，集団への所属感や連帯感を深め，公共の精神を養いながら，第1の目標に掲げる資質・能力を育成することを目指す。

2　内　容

　　1の資質・能力を育成するため，全ての学年において，全校又は学年を単位として，次の各行事において，学校生活に秩序と変化を与え，学校生活の充実と発展に資する体験的な活動を行うことを通して，それぞれの学校行事の意義及び活動を行う上で必要となることについて理解し，

主体的に考えて実践できるよう指導する。

(1) 儀式的行事

学校生活に有意義な変化や折り目を付け，厳粛で清新な気分を味わい，新しい生活の展開への動機付けとなるようにすること。

(2) 文化的行事

平素の学習活動の成果を発表し，自己の向上の意欲を一層高めたり，文化や芸術に親しんだりするようにすること。

(3) 健康安全・体育的行事

心身の健全な発達や健康の保持増進，事件や事故，災害等から身を守る安全な行動や規律ある集団行動の体得，運動に親しむ態度の育成，責任感や連帯感の涵養，体力の向上などに資するようにすること。

(4) 遠足・集団宿泊的行事

自然の中での集団宿泊活動などの平素と異なる生活環境にあって，見聞を広め，自然や文化などに親しむとともに，よりよい人間関係を築くなどの集団生活の在り方や公衆道徳などについての体験を積むことができるようにすること。

(5) 勤労生産・奉仕的行事

勤労の尊さや生産の喜びを体得するとともに，ボランティア活動などの社会奉仕の精神を養う体験が得られるようにすること。

3 内容の取扱い

(1) 児童や学校，地域の実態に応じて，2に示す行事の種類ごとに，行事及びその内容を重点化するとともに，各行事の趣旨を生かした上で，行事間の関連や統合を図るなど精選して実施すること。また，実施に当たっては，自然体験や社会体験などの体験活動を充実するとともに，体験活動を通して気付いたことなどを振り返り，まとめたり，発表し合ったりするなどの事後の活動を充実すること。

● 第3　指導計画の作成と内容の取扱い

1　指導計画の作成に当たっては，次の事項に配慮するものとする。

(1) 特別活動の各活動及び学校行事を見通して，その中で育む資質・能力の育成に向けて，児童の主体的・対話的で深い学びの実現を図るようにすること。その際，よりよい人間関係の形成，よりよい集団生活の構築や社会への参画及び自己実現に資するよう，児童が集団や社会の形成者としての見方・考え方を働かせ，様々な集団活動に自主的，実践的に取り組む中で，互いのよさや個性，多様な考えを認め合い，等しく合意形成に関わり役割を担うようにすることを重視すること。

(2) 各学校においては特別活動の全体計画や各活動及び学校行事の年間指導計画を作成すること。その際，学校の創意工夫を生かし，学級や学校，地域の実態，児童の発達の段階などを考慮するとともに，第2に示す内容相互及び各教科，道徳科，外国語活動，総合的な学習の時間などの指導との関連を図り，児童による自主的，実践的な活動が助長されるようにすること。また，家庭や地域の人々との連携，社会教育施設等の活用などを工夫すること。

(3) 学級活動における児童の自発的，自治的な活動を中心として，各活動と学校行事を相互に関連付けながら，個々の児童についての理解を深め，教師と児童，児童相互の信頼関係を育み，学級経営の充実を図ること。その際，特に，いじめの未然防止等を含めた生徒指導との関連を図るようにすること。

付録4

(4) 低学年においては，第1章総則の第2の4の(1)を踏まえ，他教科等との関連を積極的に図り，指導の効果を高めるようにするとともに，幼稚園教育要領等に示す幼児期の終わりまでに育ってほしい姿との関連を考慮すること。特に，小学校入学当初においては，生活科を中心とした関連的な指導や，弾力的な時間割の設定を行うなどの工夫をすること。

(5) 障害のある児童などについては，学習活動を行う場合に生じる困難さに応じた指導内容や指導方法の工夫を計画的，組織的に行うこと。

(6) 第1章総則の第1の2の(2)に示す道徳教育の目標に基づき，道徳科などとの関連を考慮しながら，第3章特別の教科道徳の第2に示す内容について，特別活動の特質に応じて適切な指導をすること。

2　第2の内容の取扱いについては，次の事項に配慮するものとする。

(1) 学級活動，児童会活動及びクラブ活動の指導については，指導内容の特質に応じて，教師の適切な指導の下に，児童の自発的，自治的な活動が効果的に展開されるようにすること。その際，よりよい生活を築くために自分たちできまりをつくって守る活動などを充実するよう工夫すること。

(2) 児童及び学校の実態並びに第1章総則の第6の2に示す道徳教育の重点などを踏まえ，各学年において取り上げる指導内容の重点化を図るとともに，必要に応じて，内容間の関連や統合を図ったり，他の内容を加えたりすることができること。

(3) 学校生活への適応や人間関係の形成などについては，主に集団の場面で必要な指導や援助を行うガイダンスと，個々の児童の多様な実態を踏まえ，一人一人が抱える課題に個別に対応した指導を行うカウンセリング（教育相談を含む。）の双方の趣旨を踏まえて指導を行うこと。特に入学当初や各学年のはじめにおいては，個々の児童が学校生活に適応するとともに，希望や目標をもって生活できるよう工夫すること。あわせて，児童の家庭との連絡を密にすること。

(4) 異年齢集団による交流を重視するとともに，幼児，高齢者，障害のある人々などとの交流や対話，障害のある幼児児童生徒との交流及び共同学習の機会を通して，協働することや，他者の役に立ったり社会に貢献したりすることの喜びを得られる活動を充実すること。

3　入学式や卒業式などにおいては，その意義を踏まえ，国旗を掲揚するとともに，国歌を斉唱するよう指導するものとする。

付録4

中学校学習指導要領　第3章　特別の教科　道徳

● 第1　目　標

　第1章総則の第1の2の(2)に示す道徳教育の目標に基づき，よりよく生きるための基盤となる道徳性を養うため，道徳的諸価値についての理解を基に，自己を見つめ，物事を広い視野から多面的・多角的に考え，人間としての生き方についての考えを深める学習を通して，道徳的な判断力，心情，実践意欲と態度を育てる。

● 第2　内　容

　学校の教育活動全体を通じて行う道徳教育の要である道徳科においては，以下に示す項目について扱う。

A　主として自分自身に関すること

[自主，自律，自由と責任]

　　自律の精神を重んじ，自主的に考え，判断し，誠実に実行してその結果に責任をもつこと。

[節度，節制]

　　望ましい生活習慣を身に付け，心身の健康の増進を図り，節度を守り節制に心掛け，安全で調和のある生活をすること。

[向上心，個性の伸長]

　　自己を見つめ，自己の向上を図るとともに，個性を伸ばして充実した生き方を追求すること。

[希望と勇気，克己と強い意志]

　　より高い目標を設定し，その達成を目指し，希望と勇気をもち，困難や失敗を乗り越えて着実にやり遂げること。

[真理の探究，創造]

　　真実を大切にし，真理を探究して新しいものを生み出そうと努めること。

B　主として人との関わりに関すること

[思いやり，感謝]

　　思いやりの心をもって人と接するとともに，家族などの支えや多くの人々の善意により日々の生活や現在の自分があることに感謝し，進んでそれに応え，人間愛の精神を深めること。

[礼儀]

　　礼儀の意義を理解し，時と場に応じた適切な言動をとること。

[友情，信頼]

　　友情の尊さを理解して心から信頼できる友達をもち，互いに励まし合い，高め合うとともに，異性についての理解を深め，悩みや葛藤も経験しながら人間関係を深めていくこと。

[相互理解，寛容]

　　自分の考えや意見を相手に伝えるとともに，それぞれの個性や立場を尊重し，いろいろなものの見方や考え方があることを理解し，寛容の心をもって謙虚に他に学び，自らを高めていくこと。

C　主として集団や社会との関わりに関すること

[遵法精神，公徳心]

　　法やきまりの意義を理解し，それらを進んで守るとともに，そのよりよい在り方について考え，自他の権利を大切にし，義務を果たして，規律ある安定した社会の実現に努めること。

付録5

[公正，公平，社会正義]

正義と公正さを重んじ，誰に対しても公平に接し，差別や偏見のない社会の実現に努めること。

[社会参画，公共の精神]

社会参画の意識と社会連帯の自覚を高め，公共の精神をもってよりよい社会の実現に努めること。

[勤労]

勤労の尊さや意義を理解し，将来の生き方について考えを深め，勤労を通じて社会に貢献すること。

[家族愛，家庭生活の充実]

父母，祖父母を敬愛し，家族の一員としての自覚をもって充実した家庭生活を築くこと。

[よりよい学校生活，集団生活の充実]

教師や学校の人々を敬愛し，学級や学校の一員としての自覚をもち，協力し合ってよりよい校風をつくるとともに，様々な集団の意義や集団の中での自分の役割と責任を自覚して集団生活の充実に努めること。

[郷土の伝統と文化の尊重，郷土を愛する態度]

郷土の伝統と文化を大切にし，社会に尽くした先人や高齢者に尊敬の念を深め，地域社会の一員としての自覚をもって郷土を愛し，進んで郷土の発展に努めること。

[我が国の伝統と文化の尊重，国を愛する態度]

優れた伝統の継承と新しい文化の創造に貢献するとともに，日本人としての自覚をもって国を愛し，国家及び社会の形成者として，その発展に努めること。

[国際理解，国際貢献]

世界の中の日本人としての自覚をもち，他国を尊重し，国際的視野に立って，世界の平和と人類の発展に寄与すること。

D　主として生命や自然，崇高なものとの関わりに関すること

[生命の尊さ]

生命の尊さについて，その連続性や有限性なども含めて理解し，かけがえのない生命を尊重すること。

[自然愛護]

自然の崇高さを知り，自然環境を大切にすることの意義を理解し，進んで自然の愛護に努めること。

[感動，畏敬の念]

美しいものや気高いものに感動する心をもち，人間の力を超えたものに対する畏敬の念を深めること。

[よりよく生きる喜び]

人間には自らの弱さや醜さを克服する強さや気高く生きようとする心があることを理解し，人間として生きることに喜びを見いだすこと。

● 第3　指導計画の作成と内容の取扱い

1　各学校においては，道徳教育の全体計画に基づき，各教科，総合的な学習の時間及び特別活動との関連を考慮しながら，道徳科の年間指導計画を作成するものとする。なお，作成に当たっては，第2に示す内容項目について，各学年において全て取り上げることとする。その際，生徒や学校の実態に応じ，3学年間を見通した重点的な指導や内容項目間の関連を密にした指導，一つの内容項目を複数の時間で扱う指導を取り入れるなどの工夫を行うものとする。

2　第2の内容の指導に当たっては，次の事項に配慮するものとする。

(1)　学級担任の教師が行うことを原則とするが，校長や教頭などの参加，他の教師との協力的な

指導などについて工夫し，道徳教育推進教師を中心とした指導体制を充実すること。

(2) 道徳科が学校の教育活動全体を通じて行う道徳教育の要としての役割を果たすことができるよう，計画的・発展的な指導を行うこと。特に，各教科，総合的な学習の時間及び特別活動における道徳教育としては取り扱う機会が十分でない内容項目に関わる指導を補うことや，生徒や学校の実態等を踏まえて指導をより一層深めること，内容項目の相互の関連を捉え直したり発展させたりすることに留意すること。

(3) 生徒が自ら道徳性を養う中で，自らを振り返って成長を実感したり，これからの課題や目標を見付けたりすることができるよう工夫すること。その際，道徳性を養うことの意義について，生徒自らが考え，理解し，主体的に学習に取り組むことができるようにすること。また，発達の段階を考慮し，人間としての弱さを認めながら，それを乗り越えてよりよく生きようとすることのよさについて，教師が生徒と共に考える姿勢を大切にすること。

(4) 生徒が多様な感じ方や考え方に接する中で，考えを深め，判断し，表現する力などを育むことができるよう，自分の考えを基に討論したり書いたりするなどの言語活動を充実すること。その際，様々な価値観について多面的・多角的な視点から振り返って考える機会を設けるとともに，生徒が多様な見方や考え方に接しながら，更に新しい見方や考え方を生み出していくことができるよう留意すること。

(5) 生徒の発達の段階や特性等を考慮し，指導のねらいに即して，問題解決的な学習，道徳的行為に関する体験的な学習等を適切に取り入れるなど，指導方法を工夫すること。その際，それらの活動を通じて学んだ内容の意義などについて考えることができるようにすること。また，特別活動等における多様な実践活動や体験活動も道徳科の授業に生かすようにすること。

(6) 生徒の発達の段階や特性等を考慮し，第2に示す内容との関連を踏まえつつ，情報モラルに関する指導を充実すること。また，例えば，科学技術の発展と生命倫理との関係や社会の持続可能な発展などの現代的な課題の取扱いにも留意し，身近な社会的課題を自分との関係において考え，その解決に向けて取り組もうとする意欲や態度を育てるよう努めること。なお，多様な見方や考え方のできる事柄について，特定の見方や考え方に偏った指導を行うことのないようにすること。

(7) 道徳科の授業を公開したり，授業の実施や地域教材の開発や活用などに家庭や地域の人々，各分野の専門家等の積極的な参加や協力を得たりするなど，家庭や地域社会との共通理解を深め，相互の連携を図ること。

3 教材については，次の事項に留意するものとする。

(1) 生徒の発達の段階や特性，地域の実情等を考慮し，多様な教材の活用に努めること。特に，生命の尊厳，社会参画，自然，伝統と文化，先人の伝記，スポーツ，情報化への対応等の現代的な課題などを題材とし，生徒が問題意識をもって多面的・多角的に考えたり，感動を覚えたりするような充実した教材の開発や活用を行うこと。

(2) 教材については，教育基本法や学校教育法その他の法令に従い，次の観点に照らし適切と判断されるものであること。

ア 生徒の発達の段階に即し，ねらいを達成するのにふさわしいものであること。

イ 人間尊重の精神にかなうものであって，悩みや葛藤等の心の揺れ，人間関係の理解等の課題も含め，生徒が深く考えることができ，人間としてよりよく生きる喜びや勇気を与えられるものであること。

ウ 多様な見方や考え方のできる事柄を取り扱う場合には，特定の見方や考え方に偏った取扱いがなされていないものであること。

4 生徒の学習状況や道徳性に係る成長の様子を継続的に把握し，指導に生かすよう努める必要がある。ただし，数値などによる評価は行わないものとする。

付録5

「道徳の内容」の学年段階・学校段階の一覧表

	小学校第1学年及び第2学年（19）	小学校第3学年及び第4学年（20）	
A　主として自分自身に関すること			
善悪の判断，自律，自由と責任	（1）　よいことと悪いこととの区別をし，よいと思うことを進んで行うこと。	（1）　正しいと判断したことは，自信をもって行うこと。	
正直，誠実	（2）　うそをついたりごまかしをしたりしないで，素直に伸び伸びと生活すること。	（2）　過ちは素直に改め，正直に明るい心で生活すること。	
節度，節制	（3）　健康や安全に気を付け，物や金銭を大切にし，身の回りを整え，わがままをしないで，規則正しい生活をすること。	（3）　自分でできることは自分でやり，安全に気を付け，よく考えて行動し，節度のある生活をすること。	
個性の伸長	（4）　自分の特徴に気付くこと。	（4）　自分の特徴に気付き，長所を伸ばすこと。	
希望と勇気，努力と強い意志	（5）　自分のやるべき勉強や仕事をしっかりと行うこと。	（5）　自分でやろうと決めた目標に向かって，強い意志をもち，粘り強くやり抜くこと。	
真理の探究			
B　主として人との関わりに関すること			
親切，思いやり	（6）　身近にいる人に温かい心で接し，親切にすること。	（6）　相手のことを思いやり，進んで親切にすること。	
感謝	（7）　家族など日頃世話になっている人々に感謝すること。	（7）　家族など生活を支えてくれている人々や現在の生活を築いてくれた高齢者に，尊敬と感謝の気持ちをもって接すること。	
礼儀	（8）　気持ちのよい挨拶，言葉遣い，動作などに心掛けて，明るく接すること。	（8）　礼儀の大切さを知り，誰に対しても真心をもって接すること。	
友情，信頼	（9）　友達と仲よくし，助け合うこと。	（9）　友達と互いに理解し，信頼し，助け合うこと。	
相互理解，寛容		（10）　自分の考えや意見を相手に伝えるとともに，相手のことを理解し，自分と異なる意見も大切にすること。	
C　主として集団や社会との関わりに関すること			
規則の尊重	（10）　約束やきまりを守り，みんなが使う物を大切にすること。	（11）　約束や社会のきまりの意義を理解し，それらを守ること。	
公正，公平，社会正義	（11）　自分の好き嫌いにとらわれないで接すること。	（12）　誰に対しても分け隔てをせず，公正，公平な態度で接すること。	
勤労，公共の精神	（12）　働くことのよさを知り，みんなのために働くこと。	（13）　働くことの大切さを知り，進んでみんなのために働くこと。	
家族愛，家庭生活の充実	（13）　父母，祖父母を敬愛し，進んで家の手伝いなどをして，家族の役に立つこと。	（14）　父母，祖父母を敬愛し，家族みんなで協力し合って楽しい家庭をつくること。	
よりよい学校生活，集団生活の充実	（14）　先生を敬愛し，学校の人々に親しんで，学級や学校の生活を楽しくすること。	（15）　先生や学校の人々を敬愛し，みんなで協力し合って楽しい学級や学校をつくること。	
伝統と文化の尊重，国や郷土を愛する態度	（15）　我が国や郷土の文化と生活に親しみ，愛着をもつこと。	（16）　我が国や郷土の伝統と文化を大切にし，国や郷土を愛する心をもつこと。	
国際理解，国際親善	（16）　他国の人々や文化に親しむこと。	（17）　他国の人々や文化に親しみ，関心をもつこと。	
D　主として生命や自然，崇高なものとの関わりに関すること			
生命の尊さ	（17）　生きることのすばらしさを知り，生命を大切にすること。	（18）　生命の尊さを知り，生命あるものを大切にすること。	
自然愛護	（18）　身近な自然に親しみ，動植物に優しい心で接すること。	（19）　自然のすばらしさや不思議さを感じ取り，自然や動植物を大切にすること。	
感動，畏敬の念	（19）　美しいものに触れ，すがすがしい心をもつこと。	（20）　美しいものや気高いものに感動する心をもつこと。	
よりよく生きる喜び			

付録6

小学校第5学年及び第6学年（22）	中学校（22）	
（1） 自由を大切にし，自律的に判断し，責任のある行動をすること。	（1） 自律の精神を重んじ，自主的に考え，判断し，誠実に実行してその結果に責任をもつこと。	自主，自律，自由と責任
（2） 誠実に，明るい心で生活すること。		
（3） 安全に気を付けることや，生活習慣の大切さについて理解し，自分の生活を見直し，節度を守り節制に心掛けること。	（2） 望ましい生活習慣を身に付け，心身の健康の増進を図り，節度を守り節制に心掛け，安全で調和のある生活をすること。	節度，節制
（4） 自分の特徴を知って，短所を改め長所を伸ばすこと。	（3） 自己を見つめ，自己の向上を図るとともに，個性を伸ばして充実した生き方を追求すること。	向上心，個性の伸長
（5） より高い目標を立て，希望と勇気をもち，困難があってもくじけずに努力して物事をやり抜くこと。	（4） より高い目標を設定し，その達成を目指し，希望と勇気をもち，困難や失敗を乗り越えて着実にやり遂げること。	希望と勇気，克己と強い意志
（6） 真理を大切にし，物事を探究しようとする心をもつこと。	（5） 真実を大切にし，真理を探究して新しいものを生み出そうと努めること。	真理の探究，創造
（7） 誰に対しても思いやりの心をもち，相手の立場に立って親切にすること。	（6） 思いやりの心をもって人と接するとともに，家族などの支えや多くの人々の善意により日々の生活や現在の自分があることに感謝し，進んでそれに応え，人間愛の精神を深めること。	思いやり，感謝
（8） 日々の生活が家族や過去からの多くの人々の支え合いや助け合いで成り立っていることに感謝し，それに応えること。		
（9） 時と場をわきまえて，礼儀正しく真心をもって接すること。	（7） 礼儀の意義を理解し，時と場に応じた適切な言動をとること。	礼儀
（10） 友達と互いに信頼し，学び合って友情を深め，異性についても理解しながら，人間関係を築いていくこと。	（8） 友情の尊さを理解して心から信頼できる友達をもち，互いに励まし合い，高め合うとともに，異性についての理解を深め，悩みや葛藤も経験しながら人間関係を深めていくこと。	友情，信頼
（11） 自分の考えや意見を相手に伝えるとともに，謙虚な心をもち，広い心で自分と異なる意見や立場を尊重すること。	（9） 自分の考えや意見を相手に伝えるとともに，それぞれの個性や立場を尊重し，いろいろなものの見方や考え方があることを理解し，寛容の心をもって謙虚に他に学び，自らを高めていくこと。	相互理解，寛容
（12） 法やきまりの意義を理解した上で進んでそれらを守り，自他の権利を大切にし，義務を果たすこと。	（10） 法やきまりの意義を理解し，それらを進んで守るとともに，そのよりよい在り方について考え，自他の権利を大切にし，義務を果たして，規律ある安定した社会の実現に努めること。	遵法精神，公徳心
（13） 誰に対しても差別をすることや偏見をもつことなく，公正，公平な態度で接し，正義の実現に努めること。	（11） 正義と公正さを重んじ，誰に対しても公平に接し，差別や偏見のない社会の実現に努めること。	公正，公平，社会正義
（14） 働くことや社会に奉仕することの充実感を味わうとともに，その意義を理解し，公共のために役に立つことをすること。	（12） 社会参画の意識と社会連帯の自覚を高め，公共の精神をもってよりよい社会の実現に努めること。	社会参画，公共の精神
	（13） 勤労の尊さや意義を理解し，将来の生き方について考えを深め，勤労を通じて社会に貢献すること。	勤労
（15） 父母，祖父母を敬愛し，家族の幸せを求めて，進んで役に立つことをすること。	（14） 父母，祖父母を敬愛し，家族の一員としての自覚をもって充実した家庭生活を築くこと。	家族愛，家庭生活の充実
（16） 先生や学校の人々を敬愛し，みんなで協力し合ってよりよい学級や学校をつくるとともに，様々な集団の中での自分の役割を自覚して集団生活の充実に努めること。	（15） 教師や学校の人々を敬愛し，学級や学校の一員としての自覚をもち，協力し合ってよりよい校風をつくるとともに，様々な集団の意義や集団の中での自分の役割と責任を自覚して集団生活の充実に努めること。	よりよい学校生活，集団生活の充実
（17） 我が国や郷土の伝統と文化を大切にし，先人の努力を知り，国や郷土を愛する心をもつこと。	（16） 郷土の伝統と文化を大切にし，社会に尽くした先人や高齢者に尊敬の念を深め，地域社会の一員としての自覚をもって郷土を愛し，進んで郷土の発展に努めること。	郷土の伝統と文化の尊重，郷土を愛する態度
	（17） 優れた伝統の継承と新しい文化の創造に貢献するとともに，日本人としての自覚をもって国を愛し，国家及び社会の形成者として，その発展に努めること。	我が国の伝統と文化の尊重，国を愛する態度
（18） 他国の人々や文化について理解し，日本人としての自覚をもって国際親善に努めること。	（18） 世界の中の日本人としての自覚をもち，他国を尊重し，国際的視野に立って，世界の平和と人類の発展に寄与すること。	国際理解，国際貢献
（19） 生命が多くの生命のつながりの中にあるかけがえのないものであることを理解し，生命を尊重すること。	（19） 生命の尊さについて，その連続性や有限性なども含めて理解し，かけがえのない生命を尊重すること。	生命の尊さ
（20） 自然の偉大さを知り，自然環境を大切にすること。	（20） 自然の崇高さを知り，自然環境を大切にすることの意義を理解し，進んで自然の愛護に努めること。	自然愛護
（21） 美しいものや気高いものに感動する心や人間の力を超えたものに対する畏敬の念をもつこと。	（21） 美しいものや気高いものに感動する心をもち，人間の力を超えたものに対する畏敬の念を深めること。	感動，畏敬の念
（22） よりよく生きようとする人間の強さや気高さを理解し，人間として生きる喜びを感じること。	（22） 人間には自らの弱さや醜さを克服する強さや気高く生きようとする心があることを理解し，人間として生きることに喜びを見いだすこと。	よりよく生きる喜び

付録6

学習指導要領等の改善に係る検討に必要な専門的作業等協力者（五十音順）

（職名は平成29年6月現在）

青木　由美子	東京都東村山市教育委員会教育部学校教育担当次長
	（指導室長兼務）
池之上　義宏	佐賀県佐賀市立川副中学校長
貝ノ瀬　滋	東京家政大学特任教授
川﨑　友嗣	関西大学教授
猿渡　正利	特定非営利活動法人まちと学校のみらい参与
白松　賢	愛媛大学大学院教授
須藤　稔	国学院栃木短期大学客員教授
竹中　重雄	大阪府教育庁主任指導主事
西田　健次郎	兵庫県教育委員会事務局義務教育課長
平川　理恵	神奈川県横浜市立中川西中学校長
藤田　晃之	筑波大学教授
安井　一郎	獨協大学教授
吉村　功太郎	宮崎大学教授

なお，文部科学省においては，次の者が本書の編集に当たった。

合田　哲雄	初等中等教育局教育課程課長
小野　賢志	初等中等教育局教育課程課主任学校教育官
長田　徹	初等中等教育局教育課程課教科調査官
	（併）国立教育政策研究所生徒指導・進路指導研究センター
	総括研究官
安部　恭子	初等中等教育局教育課程課教科調査官

中学校学習指導要領（平成29年告示）解説　特別活動編

MEXT 1-1727

令和5年5月31日　6刷発行

著作権所有　　**文 部 科 学 省**

発 行 者　　　株式会社　**東 山 書 房**
　　　　　　　代表者　山　本　敬　一

印 刷 者　　　**創栄図書印刷株式会社**
　　　　　　　代表者　田　中　雅　博
〒604-0812　京都市中京区高倉通二条上ル天守町766

発 行 所　株式会社　**東 山 書 房**

〒604-8454　京都市中京区西ノ京小堀池町8-2
　　　　　　電話　075-841-9278
　　　　　　振替　01070-1-1067

定価：425円（本体386円）⑩